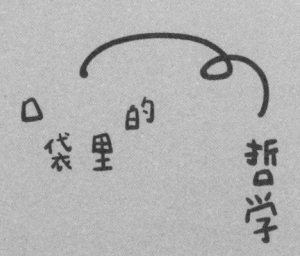

口袋里的哲学

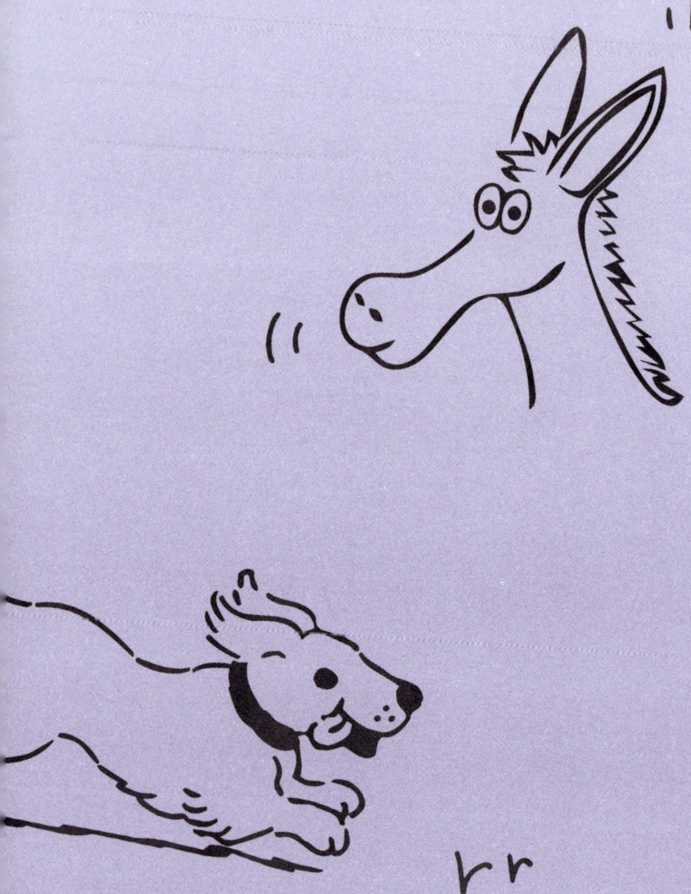
rr

口袋里的哲学

王幸华 编著

中国长安出版传媒有限公司
中国长安出版社

图书在版编目（CIP）数据

口袋里的哲学 / 王幸华编著. -- 北京：中国长安出版传媒有限公司, 2025.3. -- ISBN 978-7-5107-1151-0

Ⅰ. B-49

中国国家版本馆 CIP 数据核字第 20244A7M88 号

口袋里的哲学

王幸华 编著

出版发行	中国长安出版传媒有限公司　中国长安出版社
社　　址	北京市东城区北池子大街 14 号（100006）
网　　址	www.changancbcm.com
邮　　箱	capress@163.com
责任编辑	刘英雪
策　　划	黄利　万夏
营销支持	曹莉丽
特约编辑	高翔　许碧涵
装帧设计	紫图图书 ZITO
发行电话	（010）66529988 - 1321
印　　刷	艺堂印刷（天津）有限公司
开　　本	880 mm×1230 mm　32 开
印　　张	9
字　　数	90 千字
版　　次	2025 年 3 月第 1 版
印　　次	2025 年 3 月第 1 次印刷
书　　号	ISBN 978-7-5107-1151-0
定　　价	59.90 元

100个哲学问题为你开启

思维的新篇章

目录

CHAPTER 1 探索思维的边界，挑战逻辑的局限

- 001　薛定谔的猫 —— 002
- 002　鳄鱼悖论 —— 005
- 003　鸡蛋问题 —— 008
- 004　理发师悖论 —— 011
- 005　无限酒店悖论 —— 014
- 006　匹诺曹悖论 —— 017
- 007　全能悖论 —— 020
- 008　乌鸦悖论 —— 022

- 009　阿基里斯悖论 —— 025
- 010　飞矢不动悖论 —— 028
- 011　二分法悖论 —— 031
- 012　白马非马 —— 033
- 013　濠梁之辩 —— 036
- 014　彩票悖论 —— 039
- 015　第二十二条军规 —— 041
- 016　卢克莱修的矛 —— 044
- 017　意外考试悖论 —— 046
- 018　外祖母悖论 —— 049
- 019　半费之讼 —— 052
- 020　说谎者悖论 —— 055
- 021　堂吉诃德悖论 —— 057

CHAPTER 2

人生是旷野 而非轨道

022	电车难题	062
023	定时炸弹	065
024	康德的斧头	068
025	"先救谁"的问题	070
026	卡涅阿德斯船板	073
027	游叙弗伦困境	076
028	无知之幕	078

029　空船理论 —— 080

030　劳动异化 —— 082

031　乌托邦 —— 085

032　异托邦 —— 088

033　器官移植问题 —— 091

034　液态社会 —— 093

035　兼爱非攻 —— 096

036　隐身戒指 —— 099

037　诺奖得主 —— 102

038　娱乐至死 —— 104

039　无辜的罪犯 —— 106

040　洛克的密室 —— 108

041　自由与选择 —— 111

CHAPTER 3

这世界没有真相 只有视角

042　倒下的树 —— 116

043　空地上的奶牛 —— 119

044　缸中之脑 —— 122

045　费米悖论 —— 125

046　色盲悖论 —— 127

047　美诺悖论 —— 129

048　庄周梦蝶 —— 131

049　沙堆悖论 —— 134

050	洞穴理论	136
051	洛伦兹的蝴蝶	138
052	中文房间	141
053	黑白玛丽	143
054	内格尔的蝙蝠	146
055	精神助产术	149
056	万物流变	153
057	孪生地球	155
058	关节炎思想实验	157
059	笛卡尔的恶魔	160
060	理性的铁笼	163
061	拉普拉斯妖	166
062	作者之死	169

CHAPTER 4

先成为自己的山，再去找心里的海

063　忒修斯之船 —— 174

064　西西弗斯 —— 176

065　德尔斐神谕 —— 178

066　上帝已死 —— 181

067　他人即地狱 —— 183

068　荷花效应 —— 186

069　快乐主义 —— 188

070　存在先于本质 —— 191

071	专一的快乐主义	193
072	人的三种绝望	195
073	平庸之恶	198
074	酒神精神	200
075	超级斯巴达人	203
076	单面人	205
077	上帝的计划	208
078	超人哲学	210
079	斯多亚不动心	212
080	幸福体验机	215
081	犬儒主义	217

CHAPTER 5

决策是瞬间的抉择，而人生是永恒的演绎

082　囚徒困境 —— 222

083　帕斯卡赌注 —— 224

084　车库里的喷火龙 —— 226

085　奥卡姆剃刀原理 —— 229

086　汉隆剃刀 —— 232

087　牛顿的烈焰激光剑 —— 234

088	希钦斯剃刀	237
089	第一性原理	239
090	所罗门悖论	242
091	萨根标准	245
092	麦穗理论	247
093	黑天鹅理论	250
094	睡美人问题	253
095	冰山理论	256
096	密涅瓦的猫头鹰	258
097	向死而生	260
098	布里丹之驴	262
099	赌徒的谬误	265
100	协和谬误	268

——— 爱迪生 ———

不下决心培养思考习惯的人，便失去了生活中最大的乐趣。

探索

CHAPTER 1

思维的边界，挑战逻辑的局限

🍃 拓宽思维

🍃 超越常规

🍃 逻辑训练

001

薛定谔的猫

这只猫到底是生是死?

设想在一个封闭的盒子里，放有以下几件物品：一只猫，一个铁锤，一个开关，一个毒药瓶，还有放射性元素。如果放射性元素发生了衰变，就会触发开关，开关打开之后，铁锤就会落下，打破毒药瓶，释放出毒气，猫当场毙命。反之，如果放射性元素没有发生衰变，猫就不会被毒死。

这个实验最大的疑问是，这只猫到底是生是死？因为在盒子被打开之前，我们无法知道放射性元素是否已经衰变，猫的生死似乎成为一个悬而未决的谜。

人们可能会误解为，在盒子未被打开的状态下，猫处于一种"既死又活"的叠加态。这种理解其实是一个误区，在盒子被打开之前，猫的生死虽然尚未确定，但已经在一种确定的状态中，只是我们无法得知这个结果。

我们用通俗易懂的话来形容一下：你手里有一枚硬币，你将它抛出去，是正面还是反面？如果你不看它，那么硬币的状态就既是正面又是反面；如果你看了结果，那么这种不确定的状态就被打破了，只会出现唯一的状态。这可以用"薛定谔的猫"来形容。

"薛定谔的猫"其实是在讨论一种不确定的、变幻莫测的、难以捉摸的状态。这个状态若没有人观察，就会一直处于不确定中，只要有人观察，它就会转换成唯一的状态。

小贴士

"薛定谔的猫"不仅是一个物理学概念，更是一种流行的比喻，用来形象地描述生活中的不确定性和复杂性事件。就像换季时的天气，可以晴空万里又突然大雨倾盆，可以同时艳阳高照和冷风呼啸。这不也是"薛定谔的天气"吗？

002

鳄鱼悖论

据说,在古希腊流传着这样一个故事。一条鳄鱼抢走了一个小孩,它对孩子的母亲说:"我会不会吃掉你的小孩?答对了,孩子还给你;答错了,我就吃了他。"孩子的母亲回答:"你会吃了他吧?"鳄鱼听了非常得意,就对这位母亲说:"你猜对了,我就是要吃掉你的孩子。"这时母亲急忙阻止道:"既然我说对了,你就应该放过我的孩子,请你把孩子还给我。"鳄鱼瞬间愣住了,心想:"对呀,如果我吃了这孩子,她就答对了,这样我就要把孩子还给她;可是,如果我把孩子还给她,她不就答错了吗?这样我就可以吃掉孩子了吧,但如果我吃掉孩子，不是证明她答对了吗？还是不能吃。"

鳄鱼之所以会陷入悖论，是因为它的思维出现了混乱。鳄鱼正确的思维过程应当是，我现在有一种欲望，想吃掉或不想吃掉这个孩子，你要猜出是哪一种。如果你答对了，我就把孩子还给你。如果你答错了，我就把孩子吃掉。你要么答对，要么答错，因此，我要么把孩子还给你，要么把孩子吃掉。

它本来应当按照自己提问前的欲望来判断孩子母亲的回答是否正确，但把孩子母亲的选择导致的后果当成了判断其回答是否正确的标准，于是把一个清楚明确的问题，弄成了一个纠缠不清的"悖论"。

小贴士

"鳄鱼悖论"提醒我们，在做出承诺或制定规则时，要仔细考虑其可能带来的后果和逻辑上的自洽性，以避免陷入类似的悖论困境。

我会不会吃掉
你的小孩?

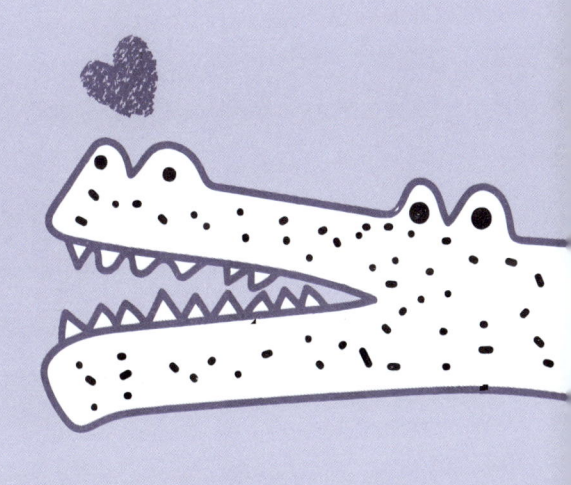

003

鸡蛋问题

公元前4世纪,古希腊哲学家亚里士多德在著作中提及了一个古老的民间悖论:先有鸡还是先有蛋?他认为,在这样一个无限回归的场景里(所有的鸡都是由鸡蛋孵化而来,所有的鸡蛋都是由鸡产下的),没有真正的起始点。这个问题自古以来一直困扰着人类,既涉及生物学的进化过程,又牵扯到哲学的思考。

从哲学角度看,"先有鸡还是先有蛋"没有一个明确的答案。一些哲学家认为,这是一个典型的循环论证。鸡蛋和鸡之间,可以看作因果循环的关系。没有鸡就没有蛋,没有蛋就没有鸡。两者是相互依存的,它们的存在是互为

♡ 先有鸡还是先有蛋？

因果的，没有一个先于另一个。换言之，鸡的存在依赖于蛋的孵化，而蛋的存在又依赖于鸡的产生。因此，无法明确地说先有哪一个，它们是相互衍生、相互产生的。

从科学角度来看，进化论提供了一种解释，即鸟类的祖先可能是一种非鸟类动物，它们产下了蛋，而在进化过程中逐渐演化成现代鸟类，包括鸡。

这个问题并没有一个绝对的答案，因为它涉及生命起源和进化的复杂过程。无论是先有鸡还是先有蛋，都反映了人类对生命起源与进化的好奇和探索。这也提醒我们，科学和哲学在解释自然现象时各有局限性，需要综合多种视角来理解。

004

理发师悖论

我该为自己理发吗?

假设在某个小镇上,有一位理发师规定:只给那些"不为自己理发的人"理发,那么理发师应该为自己理发吗?

如果理发师不给自己理发,那他就属于"不为自己理发的人",依照规定,他应该给自己理发;如果理发师给自己理发,那他就不属于"不为自己理发的人",依照规定,他不应该给自己理发。不管理发师理还是不理,都会陷入困境。这就是"理发师悖论",从"罗素悖论"中推论出来的一个悖论。它经常被错误地认为是英国哲学家罗素提出的,但罗素在《逻辑原子主义哲学》中指出提出者另有其人。

"理发师悖论"可以通过修改定义来避免。例如,理发师可以再制定一个新规则:"除我本人之外,我给所有不给自己理发的人理发。"这样,理发师就不再需要面对自己是否应该给自己理发的矛盾,因为他已经排除了自己作为顾客的可能性。

类似于"罗素悖论"的命题,可以追溯到公元前6世纪古希腊时期的"说谎者悖论"。

"说谎者悖论"可以简单表述为"我现在说的这句话是谎话"。那么这句话到底是真话还是谎话呢？与"罗素悖论"一样，它陷入了矛盾。罗素深入分析悖论的结构，发现这些悖论都存在一个共同的特点，那就是指向了自己并形成了循环。比如，在"我现在说的这句话是谎话"中，这句话就指向自己，形成了循环。

为了解决"自指"问题带来的悖论，罗素提出了著名的"恶性循环原则"。该原则的基本思想是，如果一个整体包含了一个只能借助这个整体来定义的元素，那么这个元素就不应该属于这个整体。尽管"恶性循环原则"最初是为了解决逻辑和数学中的悖论问题，但其思想和方法对现代逻辑学和数学的发展产生了深远影响。

小贴士

"理发师悖论"属于逻辑悖论的一种，具体来说，它是一个自指悖论。自指悖论是指一个命题或系统在自我引用时产生的逻辑矛盾。

005

无限酒店悖论

如何容纳无限多个客人？

口袋里的哲学

人不能两次踏入同一条河流

若动为静，何物曾移？

100 个哲学问题
为你开启思维的新篇章

永恒赌局，谁敢开盘？

梦还是真？梦中梦我！

你确定这是现实吗？

Philosophy Pocket

上帝已死，超人新生！

想象一个拥有无限多个房间的酒店，每个房间都有一个入住的客人。某天，当一位新客人到达时，酒店该如何安排住宿呢？

这是一个非常有趣的思想实验，由德国数学家希尔伯特提出。他认为酒店的经理可以这样安排：让1号房间的客人搬到2号房间，让2号房间的客人搬到3号房间，依此类推，让每个房间的客人向后挪一个房间，这样一来，1号房间就空出来了，新来的客人就可以住进去了。希尔伯特更进一步设想了另外一种情况：如果来了无限多个新客人，那该怎么办呢？他的解决方案是，让1号房的客人搬到2号房，让原先2号房的客人搬到4号房，依此类推，让原先n号房的客人都搬到2n号房间里。这样所有奇数号的房间就空出来了，正好可以容纳无限多的新客人。

这个思想实验引发了一些有趣的问题，我们可能会问，如何容纳无限多个客人？在常规情况下，无限多个物体是无法放入有限空间的。但在无限酒店中，即使客满了，也可以接待新客人，甚至是无限多，这不仅颠覆了我们对有限集合的直觉和对空间、容量的理解，也让我们开始质疑现有的逻辑系统和推理方法，思考如何在逻辑上理解和处理无限概念。希尔伯特的"无限酒店悖论"不仅仅是一个有趣的思想实验，还开启了我们对无限世界的探索之门。

小贴士

"无限酒店悖论"是一个与无限集合有关的数学悖论，旨在揭示无限集合与有限集合的本质区别。

006

匹诺曹悖论

在童话故事里,匹诺曹的故事是家喻户晓的经典。匹诺曹是一个木偶,天生喜欢撒谎,每次撒谎时鼻子都会变长。这一设定产生了一个有趣的哲学问题:如果匹诺曹说"我的鼻子会变长",接下来会发生什么事?

匹诺曹的这句话涉及逻辑学中的"自指"问题,即一个陈述或命题在陈述自身。在这种情况下,逻辑判断往往会陷入困境,因为我们无法确定这个陈述是真的还是假的。如果匹诺曹说"我生病了",这句话的真实性可以通过检查他是否真的生病来验证。但当他说"我的鼻子会变长",问题就变得棘手起来:如果他的鼻子没有变长,那就意味着他在撒谎,这将会导致他的鼻子变长,但鼻子变长又证明他没有说谎,这意味着他的鼻子本不应该变长。这就构成了一个悖论:无论匹诺曹的鼻子是否变长,他的话都既真又假。

一般来说,我们判断一句话是否为谎言,通常基于其是否与事实相符。但在匹诺曹的故事中,说话者是否相信自己所说的话也成为判断谎言的标准。相信了就不是谎言(无论内容是真是假),不相信就是谎言(也无论内容是真是假)。这挑战了我们对真理和谎言的传统定义,引发了对语言、逻辑和自我指涉的深入思考。

小贴士

"匹诺曹悖论"的背景源自意大利作家卡洛·科洛迪于1880年发表的童话故事《木偶奇遇记》。

匹诺曹的鼻子是否会变长？

007

全能悖论

上帝是万能的吗？

在几个世纪前神学思想统治的社会，罗马教廷为了提高上帝在人们心中的权威，用当时最流行的数学公式推导，最终得出"上帝是万能的"的结论。面对这个结论，一位智者提出了一个巧妙的问题："万能的上帝能创造出一块他搬不动的石头吗？如果教廷说可以，那么上帝无法搬动自己创造出的石头，就证明上帝根本就不是万能的；如果教廷说不可以，那就更加证明上帝不是万能的，至少在创造力方面他不是万能的。"由此，这位智者最终得到了和教廷完全相反的结论："上帝并不是万能的。"

"全能悖论"看起来似乎巧妙地否定了上帝

的万能性，但细品起来有一个致命的逻辑漏洞。他在提出这个悖论之前，已经默认了上帝是存在的。既然上帝是存在的，那么他就无法用上帝创造的东西来质疑上帝。举个简单的例子，因为1+1=2，所以你基于此得出结论2-1=1。但如果你认为1+1=2是错的，很显然你得出2-1=1的结论也是错的。

另有一个经典悖论与此有相似之处，即不可抗拒的力量悖论："一种不可抗拒的力量遇到了一个无法撼动的物体会怎么样？"答案是无解。因为如果世间真有这样一种力量，那么世上就不可能有无法撼动的物体；如果世间真有一个无法撼动的物体，那么世上就不会有不可抗拒的力量。承认这两个回答中的任何一种，就势必承认不可能存在另外一种，因此无解。

008

乌鸦悖论

"乌鸦悖论",是由美国哲学家亨佩尔提出的,用以攻击自然科学的归纳推理方式。

具体来说,我们要验证"乌鸦都是黑的"这个结论,可以观察成千上万只乌鸦,如果发现它们都是黑的,那么根据归纳法,我们就可以认为所有乌鸦都是黑的。

所有乌鸦都是黑的?

但由于"乌鸦都是黑的"和"所有不是黑的东西都不是乌鸦"在逻辑上是等价的,因此,验证了一个就验证了另一个,否定了一个就否定了另一个。

我们观察一个青苹果,发现它不是黑的,也不是乌鸦,那么这次观察必会增加我们对

"所有不是黑的东西都不是乌鸦"的信任度,因此更加确信"所有乌鸦都是黑的"!

不过,"苹果是青的"怎么能证明"乌鸦是黑的"?这种推理方式显然是荒唐的,因为观察一个和乌鸦无关的物体,无法得到"乌鸦是黑的"的结论。

"乌鸦悖论"看似是对乌鸦颜色的简单讨论,但实际上是对归纳法原理的深刻反思。它提醒我们,在面对大量的观察数据时,要谨慎对待归纳得出的结论,避免过度概括和片面推理。我们需要从多个角度审视问题,寻求更多的信息和证据,以避免陷入逻辑上的困境。

小贴士

归纳法是通过观察一系列个别实例来得出一般性结论的方法,但"乌鸦悖论"表明,即使观察到的实例都是正确的,也不能完全保证结论的正确性。

009

阿基里斯悖论

在《龟兔赛跑》的寓言故事中,乌龟凭借坚毅和耐力,赢了轻敌的兔子。如果乌龟和人赛跑,又是怎样的情景呢?对此,哲学界有过一个有趣的悖论,这便是古希腊哲学家芝诺提出的"阿基里斯悖论"。

具体来说,它描述了一个场景:阿基里斯(希腊神话中的跑步健将)与一只乌龟赛跑,乌龟在比赛前便领先阿基里斯一段距离。芝诺认为,即使阿基里斯比乌龟快得多,他也永远无法赶上这只乌龟。原因在于,每当阿基里斯追到乌龟先前所在的位置时,乌龟又会向前移动一段距离。这个过程会无限重复,导致阿基里人永远追不上乌龟？

斯永远无法追上乌龟。

打个比方，乌龟先爬了 10 米，阿基里斯追上了，这时乌龟又向前爬了 1 厘米，新的出发点便再次产生了，阿基里斯便要继续追赶 1 厘米。因此，只要乌龟不停，新的出发点便会一个接一个地产生，阿基里斯就得无限地追下去。

这种推理在逻辑上看似无懈可击，但实际上与我们的日常经验相悖。因为在现实世界中，我们可以将空间和时间进行划分，但不存在无限分割的现象。而在数学和哲学领域，我们不得不面对无限分割的概念。这让人思考，无限分割是否在现实中成立？或者它只是一个理论上的概念？

此外，"阿基里斯悖论"还涉及无限循环的问题。当我们不断将一段距离分割为更小的部分时，是否会陷入无限循环，即永远无法达到一个终点？这引发了关于数学的收敛和发散的讨论，这在微积分等领域中具有重要意义。

010

飞矢不动悖论

飞行的箭是静止的?
飞行的箭是静止的?
飞行的箭是静止的?

空中飞行的箭其实是静止的？这样的说法你能接受吗？据说，有一天，古希腊哲学家芝诺问他的学生："一支射出的箭是动的还是不动的？"学生回答："当然是动的。"芝诺又问："确实是这样，在每个人的眼里它都是动的。可是，这支箭在每个瞬间都有它的位置吗？"学生说："有的。"芝诺又问："在这一瞬间，它有确定的位置，又占据着和自身体积一样大小的空间，那么这支箭是动的还是不动的？"最后，学生只好承认，这支箭是不动的。

这便是芝诺提出的关于运动的哲学论述。他认为飞矢在一段时间里通过一段路程，这一段时间可以被分成无数时刻；在每一个时刻，箭矢都占据着一个位置，因此是静止不动的。

这个悖论显然与人们的常识观念严重不符，因此一提出来，便受到了无数哲学家的批判，然而哲学家们却不能从芝诺的逻辑中找出错误，以致无法解释为什么处于运动中的物体竟然在每个时刻都是静止的。既然每个时刻都静止，那么它就不能处于运动的状态，但为什么现实中的情况与之相反?

其实,"每个时刻飞矢都静止"这个表述本身是有问题的。我们要描述一个物体运动和静止,需要观察其在一段时间内是否离开其初始位置,有则动,无则静。因此,不能说物体在一个时刻静止,只能说物体在一段时间内静止。

小贴士

走路时每步都停,但一直走就能到终点!芝诺只看一步说"没动",却忘了脚步不停。

011

二分法悖论
运动是不可能的?

"二分法悖论"是古希腊哲学家芝诺用来证明"运动是不可能的"的主要逻辑论证之一。具体是说,一个物体要从一端移动到另一端,必须先到达路程的二分之一,而为了先到达路程的二分之一,必须先到达路程的四分之一。依此类推,物体要移动到某一个位置,总是必须要先完成该路程的一半,因此会有无限的路程要走。

无独有偶,差不多与芝诺生于同一时代的中国春秋时期著名哲学家庄子(生于约公元前369年)在其著作《庄子·天下》篇里有一句名言:"一尺之棰,日取其半,万世不竭。"意思是说，一尺长的木头，今天砍一半，明天砍一半的一半，每天这么砍下去，万世万代都不会竭尽。仔细甄别便可知道，庄子和芝诺的思想都与二分法有关，但后世学者普遍认为，芝诺所述为诡辩式谬论，庄子所述的论题是正确的。

这是因为"一尺之棰（有限），日取其半（无限）"包含着有限与无限辩证统一的道理：任何具体的确定的事物，在时间上和空间上都有自己的界限。然而，由于事物运动变化的本性，有限的界限不断被打破、被否定而趋于无限。但芝诺的悖论基于一个错误的假设，即时空可以被无限分割。然而，这种无限分割在现实中并不存在。实际上，时间和空间是连续的，而不是可以被无限分割的。在现实世界中，运动是连续的，物体可以在有限的时间内到达目的地。

012

白马非马

白马
不是马吗?

"白马非马"是中国战国时期名家公孙龙提出的一个著名的哲学命题,属于中国古代的逻辑学和辩证法范畴。

相传在战国时期,赵国一带的马匹因一种烈性传染病而大量死亡。秦国为防止瘟疫传入,在函谷关口贴出告示:"凡是赵国的马不能入关!"一天,公孙龙骑着一匹白马来到函谷关前,被关吏阻拦了下来。关吏说:"先生,有规定,马是不允许入关的,请把马留下。"公孙龙回答说:"我牵的是白马,而不是马,规定里只说不让马入关,并没有说不让白马入关。"经过一番舌战,关吏哑口无言,只得让他牵着马入关。

公孙龙认为，首先，"马"和"白马"的内涵不同，"马"是就形体而论的，而"白马"指马的颜色，形体和颜色不是一回事儿；其次，"马"的外延广，可以包括白马、黄马、黑马，而"白马"的外延窄，不能包括黄马、黑马。最后，他得出结论，"白马"不是马。

公孙龙过分强调了"白马"与"马"之间的差异，其实白马是属于马的，只是在概念上，"白马"与"马"有异。公孙龙提出这一命题，虽然从结论来看有诡辩的成分，但他从外延与内涵两方面论证了一般与特殊、属名与种名所指对象（范围）和属性（内容）是不相等的，这是值得肯定的方面。

小贴士

"白马非马"这个典故也经常被用来形容那些看似荒谬却又有一定道理的观点，或者用来强调逻辑思辨的重要性。

013

濠梁之辩

"濠梁之辩"出自《庄子·秋水》篇,是春秋战国时期的哲学家庄子和惠子之间的一次辩论。庄子与惠子在濠水桥上游玩时,庄子看到鱼在水里自在从容,认为它们很快乐。惠子则质疑庄子如何知道鱼是否快乐,从而引发了这场著名的辩论。

在辩论中,惠子问:"你不是鱼,怎么知道鱼的快乐呢?"庄子回答:"你不是我,怎么知道我不知道鱼的快乐呢?"惠子接着说:"我不是你,固然不知道你(的想法);你不是鱼,也没法知道鱼是不是快乐。"庄子反驳道:"'你怎么知道鱼的快乐'这句话,就表明你已经知道我知道鱼的快乐了。"

从表面的文字看,庄子对于惠子的反诘似乎文不对题。为什么"你怎么知道鱼的快乐"的问话,就已经包含了"你已经知道我知道鱼的快乐"呢?庄子实际上已经发现了语言本身的悖论,就是当人们指称不存在的事物时,即使是用否定句来表述的,从逻辑上那个事物也

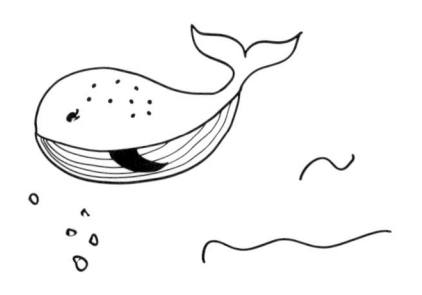

已经存在了。比如，人们说"金山不存在"时，使用"金山"一词，就已经肯定了"金山"观念的存在。

庄子的反诘是成立的，也是成功的。他将"知道鱼的快乐"与"知道我（庄子）知道鱼的快乐"这两个不同的概念混为一谈，从而在逻辑上制造了混乱。惠子跟随错误的讨论方向，一方面同意，他不是庄子，因此无法体会庄子的情感；另一方面又认为，庄子不是鱼，因此无法知道鱼的快乐。这样就有两个不兼容的结论：他（惠子）无法体会庄子的情感；他（惠子）知道庄子不知道鱼是否快乐。惠子既不知道一件事又知道同一件事，这是自相矛盾的。因此，惠子的辩论是失败的。

小贴士

庄子认为，人可以通过感知和体验来理解其他事物。这种思想反映了庄子对自然和人类关系的独特理解。

014

彩票悖论

假设有 100 万张彩票,分别是彩票 1 号、彩票 2 号、彩票 3 号……现在从中随机抽取一张,你相信这张彩票会中奖吗?

考虑到每张彩票中奖的概率只有 1%(有并且只有 1 张彩票得头奖),你可以合理地相信"彩票 1 号不能得头奖,并且彩票 2 号不能得头奖,并且……并且彩票 100 万号不能得头奖"。这意味着,相信"100 万张彩票中没有一张能够得头奖"也是合理的,但是此假说与另一个肯定为真的命题"恰好有一张彩票得头奖"互相矛盾。"彩票悖论"告诉我们,尽管对每一张彩票"不会中奖"的信念是基于合理的概率判断的，但聚合起来时，这些信念显然是自相矛盾的。该悖论的核心是如何处理高概率事件中的信念形成问题。

一种解决方法是使用概率信念来代替确定性信念。我们不再声称"这张彩票不会中奖"，而是说"这张彩票中奖的可能性极低"。这样，我们的信念不再是绝对的，而是基于概率的，就避免了悖论。另一种解决方法是降低某些信念的地位。例如，我们可以合理地相信每一张彩票不会中奖，但是当这些信念聚合在一起时，它们的强度可能不足以形成一个总体信念。还有一种思路是承认个人信念是合理的，但在聚合这些信念时，我们保持一种不可知的态度，即承认我们不知道所有信念能否合理共存。

015

第二十二条军规

只有疯子才能
获准免飞行

美国有句俚语：Catch-22，代表一种相互悖逆的困境，或一种无法通过逻辑推理解决的两难境地。这句话源于美国作家约瑟夫·海勒的著作《第二十二条军规》，这是美国黑色幽默的开山之作。

小说的主人公尤索林是一名轰炸机飞行员，他和其他飞行员一样，想摆脱危险的飞行任务。根据军规，如果一个飞行员申请免除飞行任务，必须证明自己精神不正常。然而，提出申请本身却表明他足够理智，能够意识到飞行的危险，因此他并不疯，必须执行飞行任务。这种逻辑循环使飞行员陷入两难的境地：无论做什么选择，都无法摆脱任务。

Catch-22 的本质在于其循环性和自我否定的逻辑结构，它制造了一种无论如何都无法逃避的困境。这在逻辑上体现为一种悖论，使人们陷入一种无论采取何种行动都无法达到目标的局面。

Catch-22虽然来源于军事小说，但它在现代社会得到了广泛使用，特别是在描述复杂的逻辑悖论和无法解决的困境时。例如在职场中，许多大学毕业生面临找不到工作的困境，因为雇主通常不愿意雇用没有工作经验的新人，而没有第一份工作，他们就无法积累经验，这就构成了典型的Catch-22情境。在某些法律和行政程序中，人们可能需要先获得批准才能采取行动，但获得批准的前提条件是已经采取了行动，这种循环逻辑也是Catch-22的表现。

小贴士

《第二十二条军规》中的悖论揭示了现代社会的荒诞性和不合理现象。

016

卢克莱修的矛
宇宙是有限还是无限的？

人类从未停止对宇宙边缘的思考，两千多年前，罗马的卢克莱修用一支矛证明了宇宙没有边缘。这支对后世影响深远的矛，也许在逻辑上并不完美。

卢克莱修的逻辑推理基于一个假设：如果一个人走到宇宙的尽头并扔出一支矛，那么这支矛的行为将决定宇宙是否有边缘。具体逻辑如下：如果矛被弹回来，说明宇宙的边际之外仍有东西存在，因此宇宙是有限的，有边缘；如果矛继续前进，说明宇宙有更多的空间，因此宇宙是无限的，没有边缘。然而，这种推理存在两个关键问题。

1. 没有边界和无限是两个完全不同的概念，无限显然没有边界，但没有边界不一定是无限的，也许只是在几何结构上是闭合的。就如同地球这样一个球体，表面积是有限的，但没有边界，不管怎么走，都走不出去。卢克莱修可以在地球上任何一个地方投掷长矛，它都会继续飞行。

2. 这种推理试图用宇宙之内的法则去解释宇宙之外的情况，这在逻辑上是不完美的。如果宇宙之外存在不同的物理规则，那么矛的行为就无法作为判断宇宙是否有边缘的依据。例如，宇宙之外可能没有"质量守恒"或"能量守恒"的规则，这意味着矛可以在宇宙之外凭空消失。

这个思想实验反映了人类对宇宙无限性的思考和探索，但同时也揭示了哲学思考与现实科学验证之间的差距。

017

意外考试悖论

"意外考试悖论"从"突然演习问题"变化而来,最早由英国学者奥康诺于1948年提出。它的大意是,某教师向学生宣布,他/她将在下周内某一天进行一次出乎学生意外的考试,即学生在考试前一天晚上并不知道考试将在第二天进行。根据这则预告,学生首先排除了考试在周五举行的可能性,因为周四下课后他们就知道周五有考试,这不符合老师所预告的"学生不会在前一天知道考试在第二天进行"。同理,学生也可排除下周四考试的可能性,因为考试不会在周五进行。若周三没考,大家就知道考试在周四进行,这也不符合预告。以此类推,考试将不会在周三、周二、周一的任何一天举行。最终,学生得出结论:下周没有考试。可实际上,无论教师在下周的哪一天举行考试,都将大大出乎学生的意外,从而实现预告。

考试在哪一天举行?

老师没有违背自己的预告,学生的推理似乎也并没有什么错误,问题到底出现在哪里呢?其实,"意外考试悖论"的本质在于"出乎意外"的定义。"出乎意外"的意思是,实际做法与预测或推理得到的结论不一致。出乎意外的事情有一个特点:无法提前想到。学生推理的结论是,下周五没有考试。老师"出乎意外"地把考试安排在下周五,是学生无法提前想到的,就形成了事实上的"意外考试"。因此,在"意外考试悖论"中,老师总是可以任意安排一场意外考试,出乎学生的推理结论之外即可。

小贴士

"意外考试悖论"揭示了预测和确定性之间的矛盾,展示了看似合理的预告在实际操作中会导致逻辑上的困境。

018

外祖母悖论

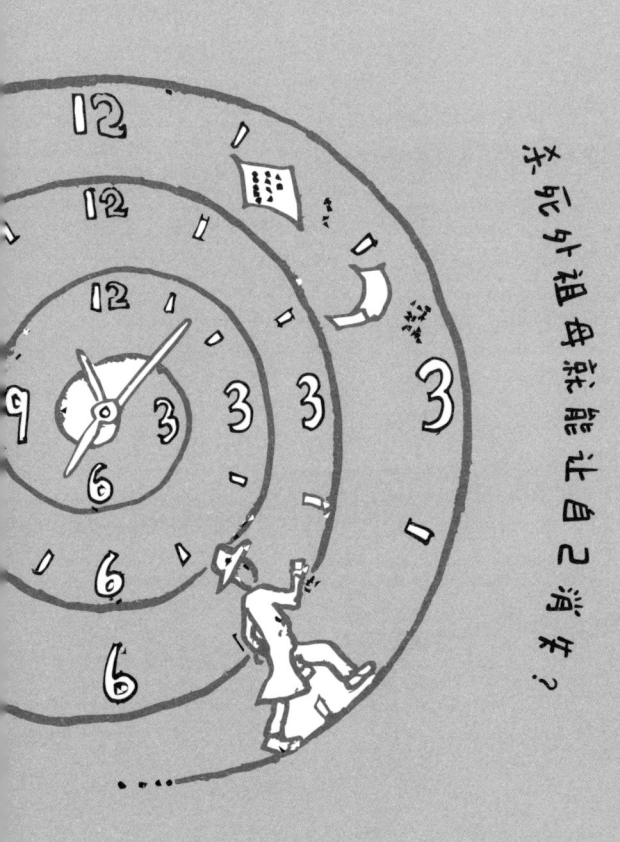

杀死外祖母就能让自己消失?

"外祖母悖论",是有关时间旅行的悖论。由法国科幻小说作家赫内·巴赫札维勒在1943年的小说《不小心的旅游者》中提出。

假设一个人有能力回到过去,并在某个时间点意外地杀死了自己的外祖母。在这种情况下,他的母亲就永远不会出生,因此他也就不可能存在。但如果他从未存在,他就无法回到过去杀死自己的外祖母。这就形成了一个逻辑上的矛盾。

从哲学的角度来看,"外祖母悖论"涉及时间的本质、自由意志和伦理道德等多个方面,具有深刻的哲学意义。

首先,"外祖母悖论"涉及时间的本质问题。传统的时间观念认为,时间是单向流动的,过去不可更改,未来不可预知。但是时间旅行的出现,颠覆了这种传统观念。"外祖母悖论"让人们开始思考时间的本质,时间是否真的是单向流动的,是否存在多个时间线,等等。

其次,"外祖母悖论"还涉及自由意志的问题。如果时间旅行真的存在,那么人们的行动是否受到了时间的限制？如果时间旅行可以改变过去，那么人们的自由意志是否受到了限制？这些问题引发了哲学家们对自由意志的探讨和思考。一些哲学家认为，时间旅行可能会剥夺人们的自由意志，让人们变成被注定的角色，而另一些哲学家则认为，即使时间旅行存在，人们的自由意志也不会受到限制，因为人们的行动是由自己决定的。

最后，"外祖母悖论"还涉及伦理道德的问题。如果时间旅行可以改变过去，那么人们是否应该去改变过去？如果我们可以通过时间旅行阻止一些悲剧的发生，那么我们是否应该这样做？这些涉及伦理道德的问题，引发了哲学家们对伦理道德的探讨和思考。一些哲学家认为，时间旅行可能会导致伦理道德的混乱，因为人们的行动可能会影响其他人的命运，而另一些哲学家则认为，时间旅行可以让人们更好地改善世界，实现更好的社会目标。

019

半费之讼

即使看清逻辑，也要小心自我矛盾

"半费之讼",又称"普罗泰戈拉悖论""师徒官司""法院悖论",源自古希腊哲学家普罗泰戈拉与学生欧提勒士的故事。

传说,普罗泰戈拉收了一个叫欧提勒士的学生,并与其约定:学生打赢第一场官司以后再付学费。然而,当学生迟迟不打官司时,普罗泰戈拉将学生告上了法庭。

法庭上,普罗泰戈拉做出了如下论证:

我与欧提勒士打官司,如果我赢了,那么根据法律,欧提勒士必须向我支付学费。

如果我输了,那么恭喜欧提勒士打赢了第一场官司,按照我们之前的约定,欧提勒士必须向我支付学费。

因此,无论官司的结果如何,学生都必须向普罗泰戈拉支付学费。

而欧提勒士却反驳道:

如果我赢了官司,那么根据法庭的判决,我不用支付学费。

如果我输了官司,那么根据我们之前的约定,我还没有打赢第一场官司,因此也不用支付学费。

这个悖论之所以令人困惑，是因为它似乎创造了一个新的循环论证。官司输赢的定义和学费的支付条件相互纠缠，形成了逻辑死结。不论如何，都无法得出合乎逻辑的结论。

对于这个悖论，没有完美的解决方案，但是它仍然是有价值的思想实验。它为语言、逻辑、法律等领域的诸多问题带来了思考方向。

它揭示了自然语言有一定的不确定性和模糊性，提醒人们当心"文字游戏"骗局。它也表明，即使我们看清了逻辑，也可能陷入自相矛盾中。

在法律实践中，它提醒我们逻辑推理可能导致矛盾的结果。应用法律制度中的司法条文解释、司法推理，要当心陷入悖论。

小贴士

"半费之讼"是一个逻辑悖论的经典案例，反映了古代哲学家对逻辑和法律问题的深入探讨。

020

说谎者悖论

思维与语言偶有矛盾

公元前6世纪,古希腊克里特岛哲学家埃庇米尼得斯说了一句著名的话:"所有克里特人都是说谎者。"

埃庇米尼得斯所言是真是假呢?

如果埃庇米尼得斯所言为真,那么克里特人就都是说谎者,身为克里特人的埃庇米尼得斯自然也不例外。这样一来,他所说的这句话应为谎言,但这跟"埃庇米尼得斯是克里特人"这个假设互相矛盾。

假设此言为假,就意味着有部分克里特人是不说谎的,但埃庇米尼得斯说谎了。不过,这仍符合假设（即埃庇米尼得斯属于克里特人中的说谎者），因此这句话一定为假。

由此可见，埃庇米尼得斯所说无论真假都相互矛盾，这正是"说谎者悖论"的精髓。

"说谎者悖论"提醒我们，要对我们的认知和判断持谨慎态度，因为思维过程和语言表达可能存在不一致性和矛盾。此外，这个悖论也强调了我们在思考复杂问题时需要直面平衡真实性和一致性的挑战。例如，在处理自指陈述时如何避免矛盾？如何确保我们的语言和思维体系能够以一种一致和有意义的方式表达现实世界？

小贴士

"说谎者悖论"和"匹诺曹悖论"虽然都涉及自我指涉和逻辑矛盾，但它们属于不同的悖论类型，分别揭示了语言和逻辑系统的内在矛盾以及特定情境下逻辑判断的局限性。

021

堂吉诃德悖论

在小说《堂吉诃德》中,有一个有趣的悖论。

堂吉诃德的随从桑丘,其愿望是能当上一座海岛的总督。公爵夫妇想捉弄桑丘,便赐予他一座海岛,让他做海岛的总督。

桑丘在担任海岛总督期间,颁布了一条新法律:"凡是到此海岛者,皆需明确表明自己来到此海岛的目的,诚实者放行,说谎者则处以绞刑。"

一日,一位旅客来到海岛,执法者问他:"你来这里做什么?"他答道:"我是来接受绞刑的。"执法者听了,觉得不可思议,但同时又仔细地分析他是否诚实。

逻辑矛盾常有，
谨慎理性常在

执法者分析后，发现无论如何，假设和结果皆为矛盾，因此他将该旅客带去见桑丘。桑丘经过一番推理，用他的公正与慈悲，做出了最正确的决定：废掉该法律并释放此旅客。

"堂吉诃德悖论"揭示了逻辑上的矛盾。这个悖论展示了当一个命题同时包含自相矛盾的条件时，无法得出一致的结论。这种逻辑上的矛盾反映了现实生活中的复杂性和不确定性，提醒人们在面对问题时需要更加谨慎和理性地思考。

—— 莫尔 ——

人生中最困难者，莫过于选择。

CHAPTER 2

人生是旷野
而非轨道

破解困局
个人选择
两难问题

022

电车难题

选择一人死，还是五人死？

一个疯子把五个无辜的人绑在电车轨道上。一辆失控的电车朝他们驶来，马上就要碾轧到他们。而你能通过拉动拉杆来改变列车的走向，让其驶入另一条轨道。但问题在于，那个疯子在另一条轨道上也绑了一个人。考虑以上状况，你是否应该让电车开到人少的岔道上，撞死一个人而挽救五个人呢？

这个问题诞生之初，大部分人的选择都是让列车变道，因为两害相权取其轻，从整个社会的角度来说，五个人的生命要大于一个人的生命。这是一种典型的功利主义者的思维模式，简单来说，就是牺牲小部分人的利益成全大部分人。尽管这小部分人是无辜的，但最终的选择还是保全大多数人。

很显然，根据功利主义，人本身变成了可以比较的数字或者工具，而不是活生生的具体的人，这样的选择忽略了个人及其生命不受侵犯的权利。功利主义的批判者认为，伦理的选择不应该是多数人的幸福大于少数人的幸福这样简单的选择，而应该考虑人本身作为一种价值的存在。在这个问题上,他们认为司机应该选择继续前行,因为五个人的价值并不比一个人的价值大,和岔道上的人的生命相比,其他五个人并没有被特别挽救的权利。

电车难题不仅仅是一个思想实验,还揭示了道德决策中的复杂性和矛盾。它迫使人们思考,在极端情况下如何做出道德判断。

小贴士

电车难题引发了许多变式和扩展,如器官移植难题、胖子难题,这些衍生问题通过不同的情境和选择主体,进一步探讨了道德决策的复杂性。

023

定时炸弹

假设有一颗定时炸弹藏匿在你的城市中,并且即将引爆,在被关押的暴徒中,有一个人知道这颗炸弹在什么地方。那么,你是否会使用酷刑来获取关于炸弹位置的情报呢?甚至在知情者对酷刑无动于衷的情况下,你是否会对其家人使用酷刑?

在这个实验中,被羁押的知情者不一定是炸弹的安放者,并且在法律上,使用酷刑不被视为合法的行为。也就是说,对知情者使用酷刑意味着违法,但有可能拯救更多的人;不对知情者使用酷刑则合法,但肯定会有更多的伤亡。

你是否通过使用酷刑来获取情报？

与电车难题类似，定时炸弹实验讨论的核心也在于它所涉及的道德困境。在面对生命与道德的抉择时，是否应该通过牺牲较小的利益（酷刑）来保护较大的利益（生命）？有些人认为，使用暴力手段是必要的，因为保护无辜者的生命是最重要的任务。另一些人则认为，这种方法违反了基本的道德标准，而且也不能保证能够获取准确的信息。还有一些人建议采用非暴力手段来处理这种情况，例如利用技术手段或者通过谈判来获取信息。

定时炸弹实验不仅在理论上引发了广泛的讨论，也在实际法律和道德决策中产生了深远的影响。它促使人们思考在极端情况下如何平衡个人权利和社会安全，以及如何在法律和道德之间找到合理的界限。

024

康德的斧头

当一个手持斧头，看起来十分可怕的人敲响你的门，询问你最好的朋友在哪里时，你是否应该撒谎保护朋友的安全？

这是康德的道德哲学中一个著名的思想实验，用于探讨在极端情况下道德选择的正当性。康德认为，如果因为撒谎导致斧头手找到了你的朋友，那么你的良心就会受到谴责。举例来说，如果你告诉斧头手你的朋友不在家，而他实际上在家，并在企图逃跑的时候遇到斧头手，那么今天这里发生的任何事情就都与你有关。相反，如果你说了真话，无论你的朋友面临怎样恐怖的后果，这都不应该成为你良心的负担，而应该是凶手的负担。

这个例子突出显示了康德的道德立场与功利主义的根本不同。功利主义者会考虑说真话或撒谎的后果。他们认为,某行为是否合乎道德,取决于该行为能否为所有受影响的人带来最大的快乐(同时把痛苦降到最低)。而康德则认为,有些行为本身就是错误的,不论其潜在结果的好坏。

康德的道德哲学对现代社会有着重要的启示。它强调行为的善与恶取决于是否遵循了某些普遍的道德义务,而与其结果的好坏无关。它提醒我们在面对困境时,应坚持道德原则,不因后果而妥协。

你会撒谎保护朋友的安全吗?

025

"先救谁"的问题

母亲和妻子同时落水 先救谁?

从哲学角度来看，"先救谁"的问题实际上是一个两难的选择题，无论选择哪种可能性，结果都是令人难以接受的。这种问题往往被视为一种思想实验，用于探讨人们在极端情况下的道德决策过程，而不是为了提供一个具体的操作指南。

哲学上的讨论通常会涉及不同的伦理理论和观点。功利主义者可能倾向于选择能够最大限度减少伤害的选项。而义务论者可能认为，无论是母亲还是妻子，她们的生命价值都是平等的，选择救助哪一方都会涉及道德上的权衡和取舍，因此无法做出明确的决策。这些理论并不能提供一个绝对的答案，因为它们都是在特定的理论框架下进行讨论的。

从法律的角度来看，这个问题也涉及一个重要的概念，即"期待可能性"。法律上要求行为人的行为不能超过其能力范围，即不能强人所难。因此，在面对母亲和妻子同时落水的情况时，具体的救助顺序需要考虑她们在水中的具体位置、危难程度等因素。

现实中，常有一些热恋中的女子，拿"假如我和你妈妈一起掉进河里，你先救谁"的千古之问考验男友。其实，提出这样的问题相当于设置"道德陷阱"，本身就有点不厚道。因为，只有在现实中遇到这样的考验时，人们才被迫在紧急关头下意识地做出选择，而没有遇到这样的考验时，人们根本无从作答，也不需要做出选择。

小贴士

"先救谁"是个无解的道德难题，现实中应看具体情况，而不是预设标准。用这个问题考验别人，其实并不公平。

026

卡涅阿德斯船板

卡涅阿德斯船板是古希腊学者卡涅阿德斯构想的思想实验，用于探讨道德和伦理问题。在这个实验中，有两名遭遇船难的水手 A 和 B。他们看到一块只能支撑一人的木板，A 首先游到木板旁并攀在上面，随后 B 到达后将 A 推下木板，导致 A 溺水身亡，而 B 则被搜救队救回。有趣的是，尽管 B 的行为导致了 A 的死亡，但他并没有被判处谋杀罪，原因是如果 B 必须杀死 A 以求自保，那么他的行为属于自卫。

这个思想实验揭示了道德困境的一个典型例子：在极端情况下，个人如何在保全自己和遵守道德之间做出选择。B 的行为虽然导致了 A

你是否该被判谋杀?

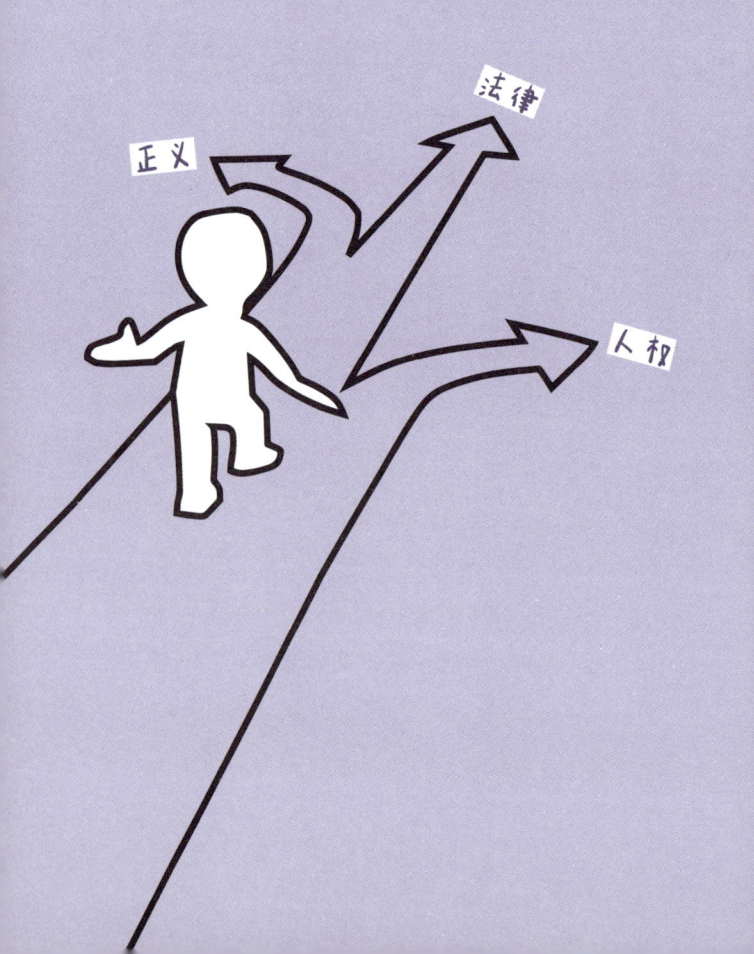

正义 法律 人权

的死亡，但从自卫的角度来看，他的行为是合理的，因此不被视为犯罪。这种情境下的道德判断涉及对正义、法律和人权的复杂考量，展示了在极端情况下，如何平衡个人生存和道德责任的问题。

卡涅阿德斯船板的思想实验不仅在哲学和伦理学领域有着深远的影响，也在法律和现实生活中引发了广泛的讨论。例如，英国"女王诉杜德利与斯蒂芬案"中，三名船员为了生存而杀死并食用了另一名船员，虽然引起了食人等伦理争议，但最终三人被判处死刑后因民意和人道立场被特赦。这些案例进一步说明了在极端情况下，法律和道德判断的复杂性。

027

游叙弗伦困境
是否应该控告自己的亲人？

游叙弗伦是一个自认为虔诚的青年。父亲涉嫌杀人，他准备去法庭告发。在法庭入口处，游叙弗伦与苏格拉底有一段著名的对话。苏格拉底问什么是虔敬，他的回答是，凡是让诸神喜欢的，都是虔敬；凡是让诸神厌恶的，就是不虔敬。苏格拉底接下来提出了一个两难的问题：

诸神喜欢虔敬之举是因为它本身是虔敬的，还是说，它是虔敬的所以才受到诸神的喜爱？

这个问题也被称为"游叙弗伦困境"，它可以拆成两个小论点：第一，X是虔敬的；第二，X是神喜欢的。问题的核心在于，哪个是因？哪个是果？

如果接受命题一，即X是虔敬的，那么神的命令和意愿就不再是唯一或绝对性标准，这可能会削弱宗教的权威性。如果接受命题二，即X是神喜欢的，那么就会面临一个逻辑上的难题：神的判断是否总是正确无误的？如果神的判断是正确的，那么这种正确性又从何而来？是否还需要一个更高的标准来评判神的判断？

在现实生活中，一些人认为，标准应该由神或宗教来界定和解释，以确保其神圣性和权威性。另一些人则认为，标准应该独立于宗教或个人的主观意愿而存在；在面对权威和传统时，应当保持一种批判性的态度，不盲目崇拜和接纳，而是要进行深入的思考和探究，以揭示其中的真相和本质。

028

无知之幕

假设你有机会可以为社会彻底地重新立法，可以颁布所有你希望实行的法律。不过有一点得注意：你被无知之幕笼罩，也就是说，你对自己的情况一无所知。你可能是亿万富翁，也可能是街头流浪汉；你可能是天才，也可能是普通人，甚至可能有某种残疾；你可能属于主流群体，也可能是少数族裔；你可能年轻力壮，也可能年迈体弱；你可能是虔诚的信徒，也可能是无神论者。那么你希望幕布后面的世界是什么样子呢？哪些法则是你与其他人都能接受的？

这个思想实验来自美国哲学家罗尔斯。他

你希望幕布后面是什么？

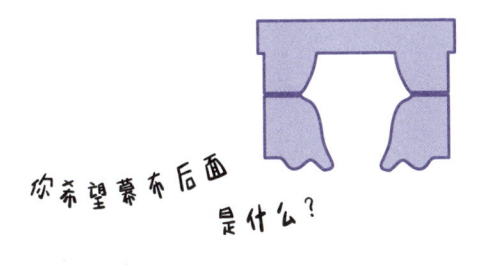

假设了一种类似于传统社会契约理论中的自然状态的原初状态。在这一处境中，人们不知道他们的社会地位和自然禀赋。因此，一旦无知之幕出现，个体可能会出生在社会的任意位置，这促使他们从社会最不幸者的角度思考问题，并设计社会制度。

以分蛋糕为例，假如切蛋糕的人可以决定哪块蛋糕分给谁，那么他就可以给自己，或与自己亲近的人，或给予自己利益的人更大的蛋糕。但假如没有人知道自己将得到哪块蛋糕，切蛋糕的人本身得到的蛋糕也是随机的，那么他就会尽可能地保证每块蛋糕的大小是一样的。由此可见，无知之幕是一种关于社会公平思考的框架，要求人们跳出既定的角色，在抛弃原有站位后思考公平正义的问题。

029

空船理论

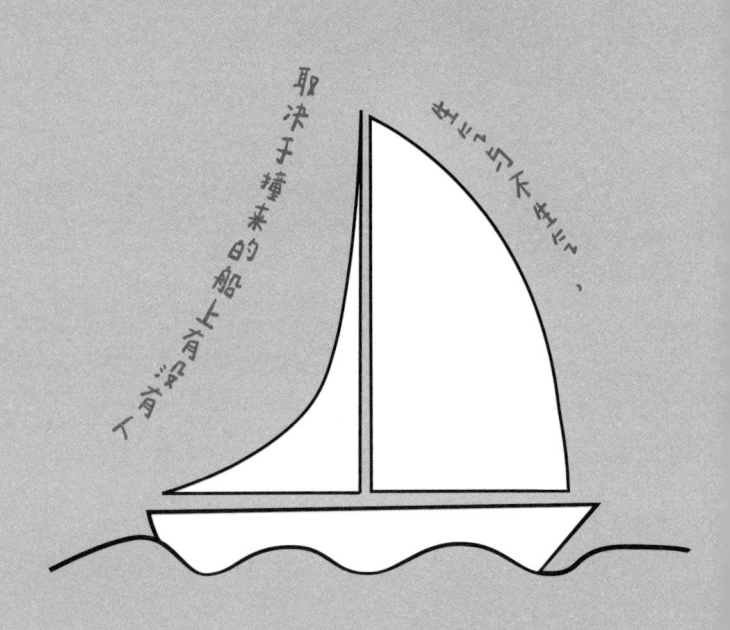

愤怒的程度，取决于撞来的船上有没有人

一个人在乘船渡河的时候,发现前面有一艘船正要撞过来。他喊了好几声,提醒对面的船夫控制好自己的船,却没有得到丝毫回应。他怒火中烧,开始朝对面的船破口大骂。

后来他发现,撞他的船是条空船,船上并没有人,于是他的怒火一下子就消失了。这个故事出自《庄子·山木》,是"空船理论"的典型案例。

庄子对这个故事提出的观点是,事实上,被撞的人是因为被撞的事实而气愤,却因撞他的船并非人为操纵而不生气。当我们面对一些不如意的事情时,如果不过分在意,就像面对一艘空船一样平静,我们的内心就会很平和。

叔本华曾说"针对别人的行为动怒,就跟向一块横在我们前进路上的石头大发脾气同等愚蠢"。"空船理论"可以让人释怀,让我们知道我们并非那么多人心中潜在的敌人。当受到欺负时,选择把它当作空船对待,这并非选择软弱。我们应该选择正确的方法去反抗,决不能让个人的善良和修养成为遭受伤害的理由。

030

劳动异化
不想上班，是我的问题吗？

你是否经常不想工作、不想学习，在工作和学习中感到虚无、迷惘，找不到生活的意义？难道这些只是因为你懒惰吗？当然不是！针对这些现象，马克思的哲学概念"异化劳动"能告诉你答案。

简而言之，劳动异化就是劳动者在劳动过程中感到身心分离，觉得劳动像是被迫行为，不是自身需要，把劳动看作痛苦的刑罚。

劳动者感到身心分离，主要是因为在长期的工作中，往往会出现重复的工作内容，导致劳动者觉得工作是机械的、无意义的。很多人觉得，工作不能让自己实现人生价值，反而是自己的负担。

人是通过劳动改造自然界和实现自身价值的，人在劳动中生产的产品是自身价值、力量的外化。劳动异化明显是不正常的，其原因一般有四个方面。

一是劳动活动本身的异化。在劳动中，人们失去了对自己生命活动的控制。活动不是自我表达，与想做的事情无关，与想要成为什么样的人无关。人们无法在自己的劳动中找到意义。劳动成了人们活下去的手段。人的存在被降低为动物的存在。

二是劳动产品的异化。劳动者生产的产品越来越多，但是由于种种原因，劳动者不能拿到足够的薪水，不能享受自己的劳动成果，便会失去劳动的快乐。

三是人的类本质分离。在某些现实情境下，劳动这一劳动者的类本质只能成为劳动者维持生计的手段。人成了金钱的奴隶。

四是人与人的异化。劳动者之间存在着竞争关系,甚至在某些推崇"狼性文化"的私营企业中,劳动者之间是相互敌视的状态。

以上原因,就导致劳动者在薪资得不到满足、没有成就感、工作环境不和谐的状态下工作,因此不免产生不想上班的情绪。

小贴士

个人可以通过寻找工作意义、提升技能、增强自主性和维持工作生活平衡,积极反思工作体验,以减少劳动异化,增强对工作的认同感和满足感。

031

乌托邦

自由航海家拉斐尔·希斯拉德到一个奇异国度旅行。那里人人平等，人们的着装是统一的工服，财产是公有的，生活物资按需分配，吃饭在公共餐厅，官吏由公众选举产生。

这个世外桃源般的国度叫作乌托邦，可惜它是虚构的，它出现在英国哲学家托马斯·莫尔的空想社会主义作品《乌托邦》中。

"乌托邦"后来代指人类思想意识中最美好的社会。由它衍生的"乌托邦主义"是社会理论的一种，即试图通过将若干可预想的价值和实践呈现于一个理想的国家或社会，从而促成这些价值和实践。

乌托邦常也被用来表示某些美好的但无法实现的（或几乎无法实现的）愿望，或指代无法到达的地方。

虽然乌托邦难以实现，但它代表着人性向善和进步的可能性。我们应该不断追求社会和个人的进步。

理想与现实是辩证的。追求乌托邦不是单纯的异想天开，而是现实不断进步的动力。正因为人类心中存在乌托邦的理想国，社会才会朝着更加自由平等的方向发展。

心怀乌托邦,
远方自明朗

032

异托邦

异质空间，社会的 **镜子**

异托邦是法国哲学家福柯根据"乌托邦"一词创造的概念，可以理解为"异质的地方"或"另类空间"。乌托邦是虚构的世界，但异托邦是真实存在又具有特殊性质的空间，指那些在社会中存在，但与主流社会秩序和功能不同的空间。这些空间具有特殊的功能和意义，它们可以是物理存在的地方，如监狱、医院、养老院、军队、学校等；也可以是虚拟世界，如互联网世界等。

异托邦的存在，使得社会能够通过特殊的空间来控制那些不符合或威胁到主流社会规范的行为和人群。例如，学校就是异托邦，是培养未来社会劳动者，同时将未踏入社会的人与社会隔离的地方，也是为社会提供人员补给的地方，它的存在维系着社会发展。

异托邦是社会的镜子，揭示了社会的运作机制和人际关系。通过异托邦，我们能更深入地理解社会结构和文化规范，以及它们的构建和维系方式。在异托邦理论之下，我们可以进一步探索那些隐匿于日常生活缝隙中的微观异托邦，它们或许不那么显眼，却同样深刻地影响着我们的感知与行为。

比如，互联网作为异托邦，打破了地理与时间的限制，使得全球各地的人能够即时交流、共享信息，形成了一个与现实社会独立又交织的平行世界。在这个世界里，身份、年龄、性别等变得模糊，人们可以以更加自由和平等的方式参与讨论、构建社群，这挑战并颠覆了现实社会的种种界限与束缚。

此外，互联网还孕育了众多亚文化群体和虚拟社区，独特的网络语言、网络规则等，构成了对主流文化的补充与反叛。在这里，人们可以跨越空间找到志同道合的朋友，共同追求某种理想或兴趣，形成一种独特的归属感和社会认同。

异托邦不仅能反映社会的多元化与复杂性，也为我们提供了观察社会变迁的新视角。

033

器官移植问题
一条命换五条命值得吗？

移植问题是英国哲学家汤姆森提出的一个思想实验。

设想有一名医术高明的外科医生，最擅长的就是器官移植手术。一天，刚好有五位患者需要器官，其中的两人各要一个肺，另外两人各要一个肾，第五个人需要一颗心脏。如果今天得不到这些器官，他们就都会死。如果外科医生能替他们找到器官并移植，他们就都能活下去。

但是去哪里找那些肺、肾和心脏呢？这性命攸关的一天眼看就要过去了，就在这个时候，外科医生得到消息说有个年轻人刚好来到诊所做年度体检,他的血型正合适,并且他还非常健康。现在就有一个可能的捐赠者了。只需要把他的器官取下来,然后分别移植给那几个需要的人就行了。但外科医生问他愿不愿意捐献的时候,他说:"对不起,我很同情他们,但是我不愿意捐献我的器官。"在这种情况下,年轻人的选择有错吗?摘掉他的器官去挽救那五个人的生命,是道德上允许的吗?

牺牲一个年轻人拯救五个人,这看上去是集体利益和个人利益的选择,但是,这个问题的解决不合适"两害相权从其轻"的逻辑。因为它触及了人性的道德底线。

034

液态社会

生活是流动的盛宴，
请尽情感受、尽情投入。

液态社会由英国哲学家、社会学家鲍曼提出，他认为："在液态现代社会，不再有永恒的关系、纽带，人际互有牵连，但不再着重紧密扣牢，在于可以随时松绑。"

液态社会又名液态现代性，它是与固态社会相对的概念，固态社会是一种坚固、沉重、形状明确的状态，液态社会是流动的盛宴般轻盈的、千姿百态的状态。人类由原有的坚固的、沉重的、形状明确的金字塔式的社会，向动荡不安、流动易变的液态社会转变。

液态社会的主要特征是生产方式的流动性，人与人之间的互动模式、各种社会关系不断"液化"，人的行为方式不再被各种传统规范，人的思维方式呈现出碎片化。液态社会在某种程度上终结了地理和空间的意义，动摇了单一、稳定的中心权威，时间和速度成为权力的新标志。随着交通、通信和传媒等技术的迅猛发展，世界进入了液态化最快的时期，人类原有的社会结构、组织模式和思想观念正在不断被溶解、重构。

在液态社会，一切都在变，我们追随、关注、孜孜以求、恐惧的东西，莫不如是。我们面对动态的世界，也在保持"灵活性"并时刻准备改变，来适应变化的节奏。如同流动的液态中的每一滴水，液态社会中的人都具有灵性与晶莹的特质，同时欲望得以扩大，焦虑被放大，因此失控也成为一种社会常态。

作为社会主力的年轻人，更如同滚轮上疯狂奔跑的仓鼠，一边焦虑内耗，一边疲于奔命。我们既享受着液态社会带来的丰富的精神世界，也承受着它带来的压力，但焦虑内耗不是与之相处的办法，不如放平心态，做个流动的体验派，热爱并享受这流动的盛宴般的生活。

035

兼爱非攻

博爱与和平是发展的基础

"兼爱"是墨家学派的主要思想观点。兼爱指的是爱所有人，不分亲疏、远近的普遍的爱。强调"爱无差等"，即每个人都应像爱自己一样爱他人。这种爱是平等和普遍的，强调人与人之间的互助互爱。其他非攻、节用、节葬、非乐等主张，也都是由此而派生出来的。兼爱便必须非攻，非攻即反对攻战，即"大不攻小也，强不侮弱也，众不贼寡也，诈不欺愚也，贵不傲贱也，富不骄贫也，壮不夺老也。是以天下庶国，莫以水火毒药兵刃以相害也"。

当然，非攻并不等于非战，而是反对侵略战争，注重自卫战争。自卫是反侵略的一个重要的组成部分，不自卫就等于不反侵略。兼爱是大到国家之间要兼相爱交相利，小到人与人之间也要兼相爱交相利。只有兼爱才能做到非攻，也只有非攻才能保证兼爱。

墨子的兼爱非攻思想在当时的社会背景下有很高的思想价值。首先，兼爱主张消除人与人之间的隔阂，实现真正的平等和谐。这一观念对促进社会公平正义具有重要意义。其次，非攻主张减少冲突，反对战争，倡导和平共处。这对于维护世界和平，减少战争带来的灾难具有积极意义。

然而，墨子的兼爱非攻思想也存在一定的局限性。例如，墨子过分强调兼爱的平等性，可能导致忽视个人尊严和自由。此外，非攻主张的和平主义在某些情况下可能过于理想化，难以应对现实的冲突和挑战。

墨子的思想提醒我们，爱与和平是人类社会发展的基础。在面对现代社会的复杂问题时，我们应当从墨子的智慧中汲取力量，倡导包容与理解，反对暴力与战争。我们应当珍视这位思想家的智慧，让他的理念在当今社会继续发扬光大。

小贴士

兼爱的思想为我们提供了一种相互理解和尊重的视角；非攻的原则鼓励我们通过对话和谈判来解决分歧，通过合作和共享来实现共赢。

036

隐身戒指

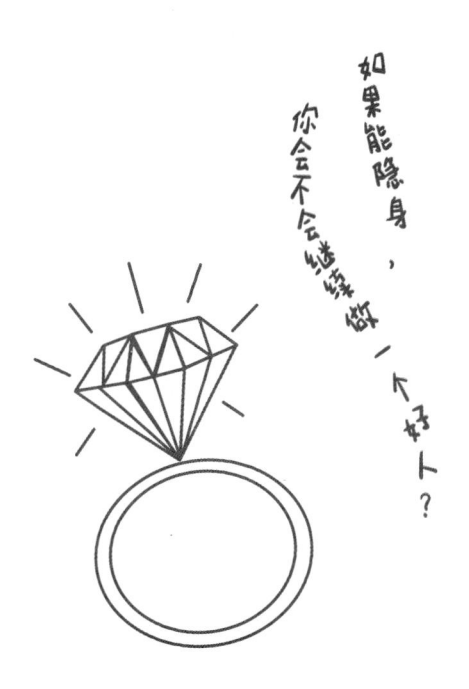

如果能隐身，你会不会选择做一个好人？

柏拉图在《理想国》中借由一个寓言故事提出了这样一个思想实验。

吕底亚的牧羊人盖吉斯偶然得到一枚金戒指。这个金戒指有帮人隐身的功能，戴戒指的人只要将戒指上的宝石转向手心，别人就看不见他；把戒指上的宝石往外一转，别人就能看见他。他发现这个功能后，就设法当上了国王的使臣，之后勾引王后，杀掉国王，夺取了王位。

假定有两枚这样的戒指，正义的人和不正义的人各戴一枚，还有人能坚定不移地继续做正义的事吗？

柏拉图的堂弟格劳孔推测，不管是谁戴上这枚戒指，都会用来谋取私利。一旦获得这枚戒指的力量，正义、道德、法律和尊严都会被抛之脑后。

柏拉图通过这个思想实验追问，如果人没有外在的压力和约束，那么还会秉行正义之道吗？

柏拉图认为，这个世界上没有真正善良之

人。那些做正义之事的人并不是出自本心,而是因为在法律的约束之下才行正义之道。任何一个人,如果拥有随心所欲做事的权力,必将走上邪恶之路。

联系现实,有些人把网络世界的自己看作拥有隐身戒指的人。在允许匿名的网络社交平台,他们肆意发泄着自己的坏情绪,对别人恶语相向,甚至进行人身攻击和网络暴力。但是法网无边,任何平台都是法律能管控的世界,即使法律还不够全面,也虽远必达。这个世界永远没有法力无边的隐身戒指,但是有永远主张公平正义的法律,只有坚持正义,才是向上的路。正如柏拉图在《理想国》中所说,让我们坚持走向上的道路,追求理想和正义。

小贴士

《指环王》中的"魔戒"背后的象征意义与柏拉图的隐身戒指有着惊人的相似之处。两者都探讨了权力、欲望与道德的复杂关系。

037

诺奖得主

限定追诉时效

"改变了的诺贝尔奖得主"是英国哲学家、伦理学家帕菲特的一个思想实验。

假设一位年届九十的老者获得了诺贝尔和平奖,但是他承认了自己二十岁时犯过错,他曾在酒后斗殴中伤害了一名警察。伤害警察是一项很严重的罪行,那么他是否会得到惩罚?他获得的诺贝尔和平奖应该被收回吗?

这位年届九旬的诺贝尔和平奖得主与几十年前犯罪的那个人是同一个人。但他或许不应为此受到惩罚，因为他的性格可能不再是原来的样子了。人的性格是由信念、态度、欲望、价值观等综合决定的，而人的行为则取决于性格，如果老人的性格发生了改变，这一改变使得他不会再做出年轻时的那些行为，我们有理由相信惩罚是无意义的。

裁决委员会似乎认可这一观念，如果一个人的性格得到了改进，他的罪责就可以减轻了。

帕菲特认为，这一想法也是法律中限定追诉时效的基础。限定追诉时效，即一个人犯下的某个具体罪行只可以在有限的一段时间内被指控。司法系统中隐含了我们认可行为对性格的依赖关系。如果能将这种依赖关系进一步弄清楚，我们对罪行与惩罚的判断就能更加一致。

038

娱乐至死

网络发达的时代，你是否有这样的症状：一切生活围绕手机、电脑。打开手机、电脑后，只会看八卦、玩游戏、追肥皂剧。手机、电脑组成的生活固然休闲自在，可是，恰恰是这些东西束缚了你进一步思考，慢慢地，你可能会觉得生活空虚。这些症状，正是"娱乐至死患者"的症状。

"娱乐至死"由美国学者尼尔·波兹曼在他1985年的著作《娱乐至死》中提出。波兹曼认为，电视、广告和大众消费文化已经取代了书籍和深度思考，导致了人们丧失了批判思考能力，陷入了对娱乐的依赖和被动接受的状态。

波兹曼说,"娱乐至死"的可怕之处不在于娱乐本身,而在于人们日渐失去对社会事物严肃思考和理性判断的能力,在于被轻佻的文化环境培养成既无知又无畏的"理性文明"而不自知。

人们生活在汪洋大海的信息世界中,在图像代替真实的虚幻世界,在媒介即认知的网络时代,思考能力逐渐消失,行动力逐步被削弱。

不要因为享乐失去自由

039

无辜的罪犯

无辜的罪犯是英国哲学家 A.C. 艾文提出的一个思想实验。

在某一个特定案件中,真正的罪犯一直没有落网,但是警察找到了一名嫌疑人,很多人从部分证据和作案动机推断这个人就是罪犯。如果认定这个人为罪犯并予以惩罚,带来的威慑效果和抓住真罪犯一样。而且心理专家保证,他的品格将通过监禁中的劳动改造和教育变得更好。

那么牺牲这个人,认定他为罪犯,让他进监狱接受惩罚,让原本因为罪犯没有落网而忧心忡忡的人获得安全感,这样做合理吗?当然,这不会使惩罚变得正当,但是根据行为效益主义理论,这样的惩罚就应该是正当的。

如果惩罚一个无辜的人能使幸福最大化,那么行为效益主义就会认为我们应该这样做——不管这个人是不是应该得到这样的惩罚——但是这样做违反了每个平等的人都应当被平等地加以对待这个正义原则。

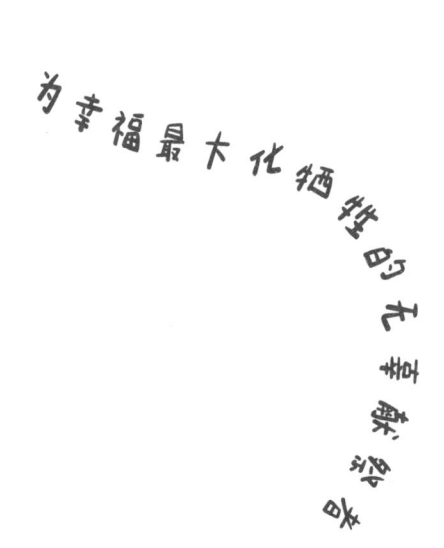

为幸福最大化牺牲的无辜民众的权利

040
洛克的密室

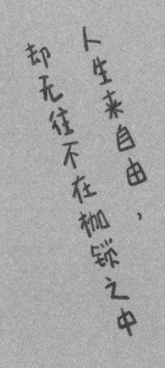

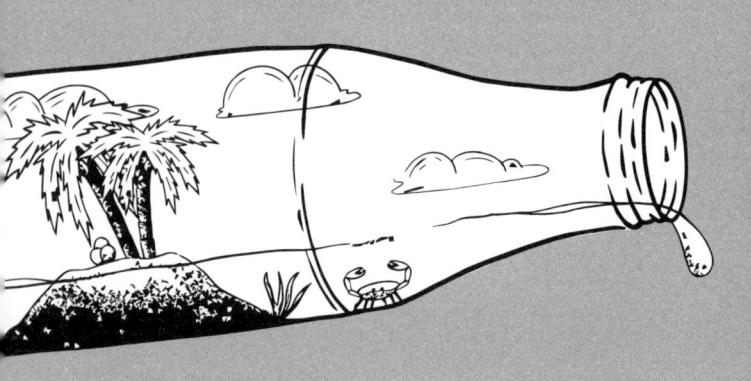

人生来自由,却无往不在枷锁之中

你是否看过一部叫《楚门的世界》的电影？它讲了这样一个故事。

男子楚门从小到大一直生活在一座叫桃源岛的小城，看上去过着与常人相同的生活。但他不知道，生活中的每一秒钟都有上千部摄像机在对着他，每时每刻全世界都在注视着他，更不知道身边包括妻子和朋友在内的所有人都是《楚门的世界》的演员。随着故事的推进，楚门终于意识到自己的整个生活实际上是一场精心编排的真人秀，他不甘于这样的生活，勇敢地踏上了逃离虚拟世界的旅程，试图寻找真实和自由。

这个电影的原型，便是17世纪英国哲学家洛克的思想实验"洛克的密室"。

洛克被请到一个房间，房间里有他喜欢的人，喜欢的游戏，喜欢的食物，他喜欢的一切。他在房间里无比快乐，但是他发现房门被锁了。如果你是洛克，你要不要想尽办法走出密室，去获得真正的自由？但是，走出这个密室，你就自由了吗？走出这个密室会不会进入另一个密室？

"洛克的密室"探讨了自由的话题，我们是选择自由还是表面的安好？究竟什么是自由？

洛克用这样一个实验，让我们想象什么才是真正的自由。

小贴士

《楚门的世界》通过楚门的觉醒和抗争，探讨了自由意志与现实束缚的冲突，与"洛克的密室"在哲学层面上有着异曲同工之妙。

041

自由与选择

在面对人生的关键抉择时，我们常常感到左右为难，仿佛每一个选择都可能引领我们走向截然不同的未来。法国存在主义哲学家让-保罗·萨特曾以一位学生的困境来阐述自由的概念：这位学生在战争期间，面临前往英国加入"自由法国"军队，或是留在法国照顾生病的母亲的抉择。

萨特认为，这种两难的处境实际上体现了自由的本质：我们通过自己的选择来定义自己。他强调，除了个人意志，我们无法依赖其他标准来指导自己的选择。因此，无论选择哪条道路，都应坚定决心，承担起自己的责任。

如何理解
自由的本质?

然而，这种观点也受到了一些批评。有学者指出，萨特过于强调个人意志，忽视了生活中各种可能性之间的联系。在实际生活中，我们的选择往往是相互关联的，可能并非非此即彼。

面对人生的抉择，我们可以从以下几个方面来思考：

1. 自我认知：了解自己的价值观、兴趣和长远目标，有助于在选择时保持一致性。

2. 责任感：认识到每个选择都伴随着责任，无论结果如何，都应承担起相应的责任。

3. 灵活性：接受生活中的不确定性，理解并非所有选择都是非此即彼的，学会在不同选择中找到平衡。

4. 寻求支持：与他人交流，获取不同的观点和建议，有助于更全面地看待问题。

总之，面对人生的抉择时，我们应综合考虑自身的价值观、责任感、灵活性以及可能的支持系统，以做出最符合自己内心的决定。

——— 康德 ———

我们所认识的世界,是**能够**被我们认识的世界,不是世界本身。

CHAPTER 3

这世界没有真相
只有视角

☆ 提升认知

☆ 理解世界

☆ 转换角度

042

倒下的树

它会发出声音吗?

如果一棵树倒在森林里，没有人听见，它是否发出了声音？这是一个古老的哲学难题。它提出了一个问题：如果没有人在森林中听到一棵树倒下的声音，那么这个声音是否真实存在？

事实上，伽利略在17世纪已经给出了一个明确的答案。他的回答是"不会"。针对这个问题，他提出了一个全新的哲学理论：物质特性实际上并不存在于这个世界上，而是存在于观察者的意识中。在他看来，当一棵树在森林里倒下的时候，撞击的声音并不是真的在森林里，而是在观察者的意识里。没有观察者，没有意识，就没有声音。

然而也有人认为，声音可以被定义为树倒下时产生的压力波，这些压力波在物理中存在，无论是否有人来感知它们。在这种观点下，声音的定义与观察者无关，它是与物理现象相连的。

由此，我们可以划分出两个世界，一个是

外在的物理世界,这个世界包括了那棵树倒下的声波、光波等;另一个是内在的意识世界,包括了人所感知的声音、颜色、气味等。

这个问题也许没有终极答案,但它说明了认知的本质和局限性,也诠释了人为什么是有感觉的。

小贴士

这不仅仅是一个物理学问题,更是一个关于声音、感知和现实本质的哲学问题。它启示我们思考声音的主观性和相对性,以及感知在定义现实中的作用。

043

空地上的奶牛

我们该如何看待知识？

一位农民养了一只奶牛，担心奶牛走失，正要出门寻找时，送奶工来到农场，告诉农民，奶牛在附近的一块空地上。农民打算过去看看，当看到空地上熟悉的黑白相间的颜色时，他安心了，转身回家。但农民看到的其实是一张黑白相间的纸，而奶牛正躲在树林里。那么问题来了，虽然奶牛一直在空地上，但农民说自己知道奶牛在空地上是否正确呢？

这是认识论领域一个重要的思想实验，最早由英国哲学家埃德蒙德·盖蒂尔提出，用于批判JTB理论（Justified True Belief）。简单来说，JTB理论是对知识的一种定义，是指当且仅当下面三个条件得到满足时，"S知道P"这一命题才得以成立：①P是真的；②S相信P是真的；③S有理由相信P是真的。空地上的奶牛同时满足这三个条件：①奶牛确实在空地上；②农民相信奶牛在空地上；③农民有理由相信奶牛在空地上，他去看过了。但实际上，农民并不真正知道奶牛在哪儿，也就是说，即使一个命题同时满足JTB理论的三个条件，也不一定是知识。

农民无非通过一个错误的证据得出一个正确的结论。他误打误撞地相信了奶牛在空地上，但其实并没有亲眼看到。民间有一句俗语正好形容农民的行为：瞎猫碰上死耗子。空地上的奶牛实验揭示了JTB理论的局限性，即主体可能基于错误的理由或依据相信一个真实的命题，但对主体来说并不构成真正的知识。这也让我们重新思考：我们到底该如何看待知识？

小贴士

"空地上的奶牛"思想实验还反映了人们在面对不确定情况时容易受到他人意见的影响。

044

缸中之脑

假设一个邪恶的科学家将你的大脑从身体中取出，放在一个装满营养液的缸中，这个大脑的所有神经末梢都连接到一台超级计算机上。这台计算机能够向你的大脑发送电信号，从而产生你借助视觉、听觉、触觉等感知到的整个世界。在这种情况下，你经历的一切都只是计算机模拟出来的。你甚至可能认为自己正在阅读这篇文章，但实际上，这些文字只是计算机向你的大脑传输的数据。

这是一个极富哲学意味的思想实验，由美国哲学家希拉里·普特南于1981年提出。它挑战了我们对自我认知和外部世界的信任，提出

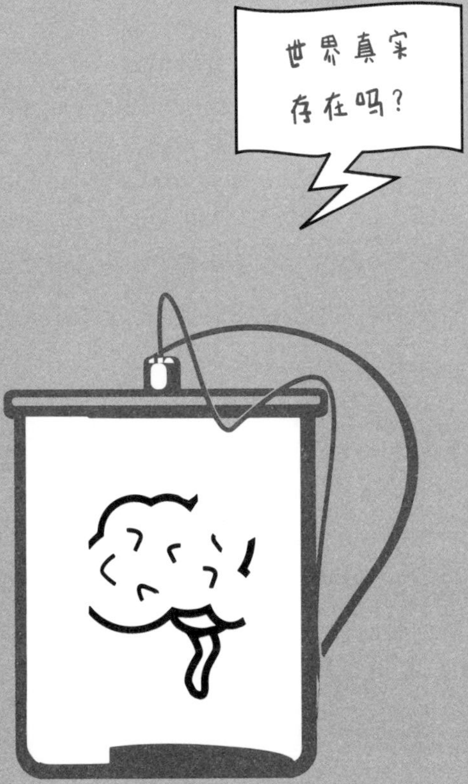
世界真实
存在吗？

了一个深刻的问题：我们如何确定自己感知的世界是真实的，而不是经过精心设计的幻觉？

这种对现实本质的质疑，与庄周梦蝶的故事有着异曲同工之妙。庄周梦见自己变成了一只蝴蝶，体验到了蝴蝶的自由和快乐，醒来后他困惑了：是庄周梦见了蝴蝶，还是蝴蝶梦见了庄周？这个故事引发了人们对现实与梦幻之间界限的思考：我们如何确定自己所处的世界是真实的，而不是一个梦境？在"缸中之脑"的情境下，大脑体验到的一切都是计算机生成的虚拟现实，这与庄周梦中的蝴蝶本质上是相同的：我们也无法确认自己是否生活在类似的虚拟环境中。

这一思想实验不仅仅是一个哲学上的难题，还反映了人类对自身感知世界的不确定性和对现实本质的探索。

045

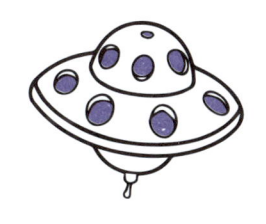

费米悖论

外星人到底在哪里？

在1950年的一次讨论中，意大利物理学家费米突然问了一个看似简单的问题："如果银河系存在大量先进的地外文明，为什么我们看不到它们的任何迹象？"这一问句后来演变为著名的"费米悖论"。

"费米悖论"的核心是一个数量级估计：银河系大约有2500亿颗恒星，虽然智慧生命出现的可能性极小，但在这些恒星中也应该有很多文明存在。然而，这个假设与我们观测到的现实不符。尽管人类已经进行了多种方式的探索，比如搜寻地外文明计划，但是没有发现任何确凿的地外文明存在的证据。我们没有收到任何来自外星文明的无线电信号或光学信号,也没有发现任何外星飞船或探测器在太阳系或其他恒星系中留下痕迹。

为了解决"费米悖论",人们提出了许多可能的解释。刘慈欣在《三体》中提出的"黑暗森林"法则,是众多解释之一。它是关于宇宙中的文明需要隐藏自己以免被发现并摧毁的假设。刘慈欣认为,在黑暗森林中,每一个猎人都是潜在的猎物,一旦暴露位置,就可能面临生死考验。宇宙中的文明亦是如此,它们不知道其他文明是否友好,因此最安全的策略就是隐藏自己,避免发出可能被其他文明捕捉到的信号。

总之,"费米悖论"是一个没有确定答案的问题,也许未来会得到解答。

046

色盲悖论

我们眼中的世界真的一样吗?

提起"色盲悖论",不得不先提到一个故事:18 世纪的英国物理学家道尔顿圣诞节前夕给母亲买了一双"棕灰色"的袜子作为礼物,但是母亲看到后非常疑惑。她问道尔顿:"我年纪已经这么大了,这双樱桃红的袜子这么鲜艳,让我怎么穿呢?"道尔顿感觉很奇怪,这双袜子明明就是棕灰色的,为什么母亲会觉得它太过鲜艳呢?于是他拿着这双袜子四处求证,结果除了他和他的哥哥,所有人都说这双袜子是樱桃红色的。道尔顿没有放过这个细节，通过仔细研究，他发现自己与哥哥对色彩的感知确实和别人有些许不同，并写了一篇题为《论色盲》的文章。

兄弟俩从小就接触了樱桃红这一概念，可是在他们眼里，棕灰色才是樱桃红，因此给母亲挑选礼物时才会选择这个颜色。这就是所谓的"色盲悖论"。"色盲悖论"是一个关于颜色感知和语言表达的有趣问题。它的核心在于，一个人对颜色的感知与常人不同，比如把蓝色看成绿色，把绿色看成蓝色，但他自己并不知道。在他看来，天空是"蓝色"的，草地是"绿色"的，而其他人也用同样的词语来描述他们看到的。那么，如何判断他和别人看到的不一样？谁感受的世界才是最接近真实的世界？

这个悖论之所以有趣，是因为它挑战了我们对颜色的客观认知。我们通常认为颜色是一种客观存在的属性，但这个悖论告诉我们，颜色可能只是大脑对光波的一种主观解释。

047

美诺悖论
如何寻求不知道的事物？

柏拉图的《美诺篇》曾经记载了苏格拉底和美诺关于美德是否可教的一段经典对话。

美诺问苏格拉底美德是不是可教的。苏格拉底回答，他不知道美德是不是可教的，因为他不知道美德的定义是什么。美诺接着提出了几个美德的定义，这些定义都被苏格拉底一一反驳。于是，美诺问苏格拉底："你将如何探究你不知道的事情呢？你会提出什么作为探究的主题？如果你找到了你想要的东西，你如何知道这是你不知道的事情呢？"苏格拉底对这句话进行了重新表述："一个人既不能探究他知道的事情，也不能探究他不知道的事情。因为如果他已经知道就不需要再探究，而如果他不知道则无法探究，因为他不知道他要探究的主题。"

这段对话是"美诺悖论"的来源。它包含两部分，一是人不能去寻找自己不知道的东西；二是人无法确认自己找到的东西就是一直想找的东西。它涉及了一些重要的哲学问题，比如知识的本质、定义和标准，以及学习的可能性、方法和目的。

不同的哲学家对"美诺悖论"有不同的解释和回答。苏格拉底认为，人在出生之前就已经拥有了所有的知识，而学习知识是一个回忆已有知识的过程。苏格拉底用一个没有受过教育的奴隶来证明这一理论，他通过一系列的问答引导奴隶发现了几何定理，从而说明奴隶并没有从外部获得新的知识，而是从内部唤起了旧有的知识。

048

庄周梦蝶

庄周梦蝶,还是蝶梦庄周?

庄周梦蝶，出自《庄子·齐物论》，是战国时期道家学派主要代表人物庄子提出的一个哲学命题。他运用浪漫的想象力和美妙的文笔，以梦的虚幻及人与蝴蝶之间相互幻化，给人留下无限想象和思考的空间。

故事的大意是：有一天，庄子梦见自己变成了一只蝴蝶，在空中翩然飞舞，四处游荡，安闲自得地忘记了自己本来的样子，也忘了自己是谁。醒来后，他还有些迷茫，竟弄不清楚是自己做梦变成蝴蝶，还是蝴蝶做梦变成了自己。

庄周梦蝶，梦见的是自然中的生灵。在梦中，他与蝴蝶化为一体。由此可见，庄子在内心深处是非常亲近自然，热爱自然，希望与自然融为一体的。这一寓言故事，其实就象征庄周在时空无限的梦中，实现了人与自然合二为一的自由，说明人可以不受现实的一切阻隔，像蝴蝶一般徜徉在大自然当中。

这种状态，其实也反映了在庄子那个时期，人们开始意识到，自然并不是人需要恐惧的对象,而应该是与之和谐相处的对象。中国古典哲学中有一个重要思想叫"天人合一",指的是人与自然是一个整体,二者应该和平相处。这种思想引发了后世众多文人骚客的共鸣,成为他们经常吟咏的题目。

小贴士

庄周梦蝶的故事表达了一种人生如梦的人生态度。这种思想启示我们,不必过于执着于表面的真实与虚幻。

049

沙堆悖论

沙堆是由多少粒沙子组成的?

瑞典心理学家安德斯·艾利克森通过对柏林音乐学院的学生进行深入研究，发现成为顶尖小提琴家需要大约1万小时的练习时间。"1万小时定律"由此而来，它似乎意味着，一件事情每天持续做，超过1万个小时，就有可能成为该领域的专家。

然而，有些人认为，一个人坚持做一件事，即使真的超过了1万个小时，也不一定能够成为专家，由此他们引出了古希腊哲学家欧布里德提出的"沙堆悖论"。

1粒沙子不是堆。如果1粒沙子不是堆，那么2粒沙子也不是堆；如果2粒沙子不是堆，那么3粒沙子也不是堆。由此类推，9999粒沙子也不是堆，因此，1万粒沙子还不是堆。

"沙堆悖论"探讨的是对"一堆"的定义和认知。它提出了一个关于数量、边界和认知的问题：沙堆是由多少粒沙子组成的？从1粒沙子开始逐渐增加，何时可以称之为一个沙堆？反之，当从沙堆中逐渐拿走沙粒，直到只剩下1粒时，它是否仍然被视为一个沙堆？

破解"沙堆悖论"时，我们经常规定一个明确的界限。如果我们说"1万粒沙子是一堆沙"，那么少于1万粒沙子组成的就不能称之为一堆沙。这样区分9999粒沙和10001粒沙就有点不合理。我们不得不设定一个模糊的边界，但是这个边界是多少呢？现在并不知道，因此最初设定的"1万粒沙子是一堆沙"作为知识的价值就被削减了。同样，在"沙堆悖论"的视野下，"1万小时定律"的价值也被消解了。

050

洞穴理论
我们不过是洞穴里的囚徒

"洞穴理论"是柏拉图在《理想国》中提出的一个哲学概念,用于阐述人类认识世界的局限和追求真理的艰难过程。

柏拉图设想了一群被囚禁在洞穴中的囚徒,他们整天面对墙壁,不能回头,只能看到洞穴墙壁上由火光投射出的影子,以为这就是现实世界。直到有一天,其中一名囚徒勇敢地挣脱束缚,来到洞口,看到了洞外的一切,他才意识到影子不过是幻象。然而,当他试图告诉其他人真相时,却没有人相信他,反而认为他在胡言乱语。

洞穴象征着我们在日常生活中用感官感知的世界，影子代表着我们对现实的误解。柏拉图用洞穴中的囚徒来比喻世人把表象当作真实，把谬误当作真理，而囚徒走出洞穴的过程则被比喻成通过教育获得真理的过程。

"洞穴理论"不仅是哲学史上的经典比喻，也是理解知识和现实的重要工具。它提醒我们，自己认识的世界往往是片面的、虚幻的，就像洞穴里的人只能看到影子一样。特别是在数字化已经相当发达的当下，我们每天都在和各种各样的信息打交道：朋友圈的文章，满屏幕的新闻推送，还有那让人眼花缭乱的广告……在海量信息的包围中，社交媒体受大数据算法的影响，通常会根据用户的喜好和行为推荐内容，信息被过滤和筛选后，我们更容易接触到与自己观点、喜好一致的信息，形成"信息茧房"。因此，我们需要像那个走出洞穴的囚徒一样，通过不断学习和思考，摆脱无知的束缚，追求真理与智慧。

051

洛伦兹的蝴蝶

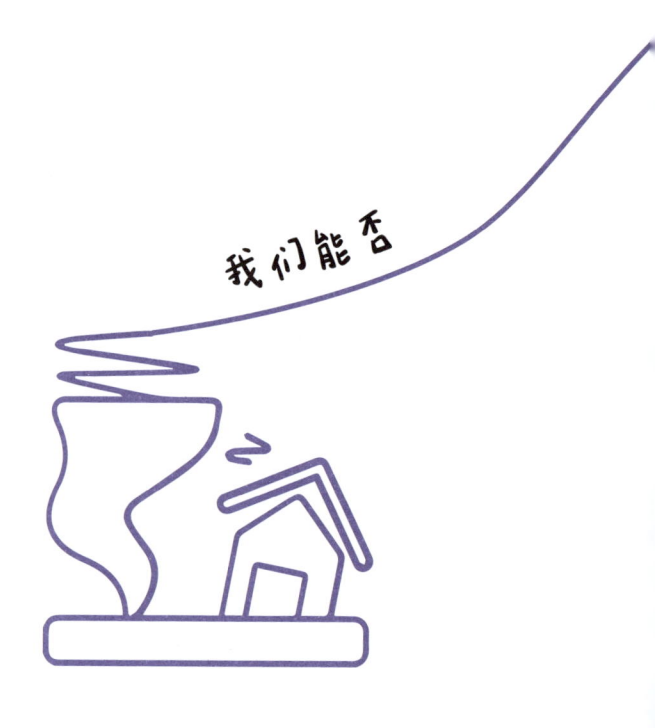

我们能否

预测未来

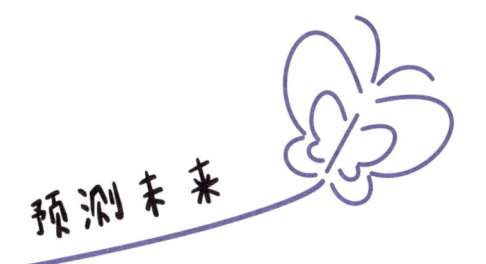

"洛伦兹的蝴蝶"思想实验是由美国气象学家爱德华·诺顿·洛伦兹在20世纪60年代初提出的。他通过研究天气系统的复杂性，发现即使是非常微小的初始条件差异，也会导致运算结果显著不同。他用一个生动的比喻来描述这个现象：亚马孙河流域的一只蝴蝶扇动几下翅膀，它引起的微小气流变化，可能在两周后成为得克萨斯州的一场龙卷风，这就是"蝴蝶效应"。

"蝴蝶效应"不仅仅是一个科学概念，还触及了哲学的深层次问题。它挑战了那些认为未来可以通过当前条件完全预测的决定论观点。在过去，人们总以为，只要根据现有发现的定律，例如牛顿定律等，就能由现在预见未来，如天体的运行、日月食发生的时间等，因此笃信事物的因果关系。然而事实上并非如此,"蝴蝶效应"表明,在客观事物的发展中,既有规律可循的因素,又存在着不可预测的变数。在一定的条件下,这些变数会影响到全局。这意味着人类认识世界的能力是有限的,即使拥有最先进的科学,也无法完全掌握未来的走向。

这一认识,也让我们对宇宙的理解产生了根本的变化,由此引发了人们关于命运和自由意志的讨论。试想,如果一个微小的动作都有可能引起巨大的变化,那么我们的选择是否真的自由?我们的命运是否早已注定了呢?很显然,根据这一理论,以上这些问题都没有简单的答案,因为即使是最精确的科学模型也无法预测所有的结果。

小贴士

"洛伦兹的蝴蝶"思想实验挑战了我们对世界的传统认知。这有助于我们更好地理解人类在世界中的角色,以及如何应对不确定性和变化。

052

中文房间

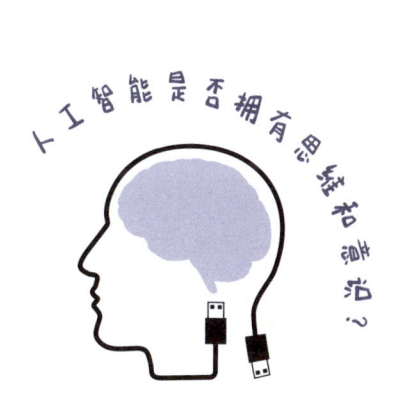

人工智能是否拥有思维和意识？

　　想象在一个封闭的房间，有一个只会说英语的人，他有一本详细的中文翻译手册。外界的观察者通过一个小窗口向他递送中文问题，他根据翻译手册翻译这些文字并用中文回复。

　　我们可以将房间内的人视为一个计算机程序，手册为程序的算法。房间的左右两端各有一个传递口。左边的传递口会源源不断地传输指令，而房间里的人需要根据指令将回复从右侧的传递口递出。比如，左侧传递口递进来一张纸条，上面写着"你好吗"，房间里的人会翻阅中文翻译手册，这本手册指示使用者在遇到"你好吗"时直接回复"我很好，谢谢"，于是，房间里的人在一张纸条上写下"我很好，谢谢"，并将纸条从右侧窗口递出。从这个过程可以看出，翻译者即使按照指南翻译和回答问题，也不一定理解这些汉字所表达的意思。相反，他们只是在执行一些机械的语言处理任务，这种语言处理可以被看作一种"弱 AI"。

这是由美国哲学家约翰·塞尔在 1980 年设计的一个思维试验，旨在探讨人工智能是否真正地拥有思维和意识。塞尔认为，计算机和人工智能虽然可以通过运行程序和处理信息来模拟智能行为，但它们永远无法具备理解人类语言的能力，也无法拥有人类的意识。

053

黑白玛丽

"黑白玛丽",是一个哲学上的思想实验,由澳大利亚哲学家法兰克·杰克森提出。

讨论这个实验前,我们要先了解两个前提,即物理主义需要坚持的两个原则:一是本体论,认为世界一切皆是物;二是知识论,认为物理知识完备,即物理知识是关于世界上全部事实的知识。

假设玛丽一出生就被关在一间房子里,房子里的一切摆设和布置都是黑白色的。玛丽可以通过一台黑白电视机和黑白印刷的书籍学习各种物理知识,也包括各种关于颜色的光学和神经学知识。

意识可以独立存在吗?

玛丽学会了全部的物理知识后被释放出来，当看到真正的西红柿时，她会有什么不同的反应？

根据我们的直觉，一般会认为玛丽由于没见过红色，会获得某种全新的感受，这种全新感受使得玛丽眼前一亮，感到惊讶："哦，原来真正的西红柿是这样的！"玛丽的这种反应似乎表明，即使在黑白屋子里已经学会了全部的物理学知识，玛丽也无法事先解释"当看到真正的西红柿时的那种感受"，正是这种感受让玛丽惊讶不已。

换言之，如果我们觉得上述想象的情景是可能的，那么似乎就表明了，物理学知识并不是关于全部事实的知识，因为令玛丽感到惊讶不已的情况并不能获得对这种知识的刻画。如果是这样，就意味着原则二是错误的。因此，即便原则一是正确的，物理主义立场也是错误的。因为，按照我们开头所说，物理主义必须一并坚持原则一和原则二这两项基本原则，缺一不可。

054

内格尔的蝙蝠

想象一下,你是一只蝙蝠,正倒挂在洞穴顶端;你无法用语言描述感觉和思想;你纵身跃入空中,借助"回波定位"在黑暗中飞行。

这是美国哲学家内格尔在著作《身为蝙蝠是何感觉?》中提出的思想实验。

蝙蝠依靠声呐或回声来感知世界,借此得知物体的距离、大小、形状等。由于蝙蝠的感受方式与我们有很大的不同,我们无法以自身的生活经验去推知蝙蝠的感受。就算以科学方法得知蝙蝠在接收到超声波时,脑中出现特定的神经冲动,我们也不知道脑中产生那种神经冲动是什么感觉。

成为一只蝙蝠是怎样的体验？

只有从蝙蝠的主观观点出发，才会知道蝙蝠是什么感觉，它的感觉无法用物理的术语去理解，因为物理术语必定是以许多观点都能理解为基础的。

当内格尔问"身为一只蝙蝠是怎样的体验"时，其实也是在告诉我们客观视角下不可能知道主观视角下是什么体验。我们借助自然科学已经可以很好地理解蝙蝠的生理机制和能力，它们依靠超声波而非如人类一般用视觉、听觉来感知这个物理世界。但是就算科学精确到可以事无巨细地描述关于蝙蝠的一切，我们也不知道"蝙蝠的世界"是怎样的。当它依靠超声波定位了眼前的飞蛾时，它的体验是怎样的呢？似乎不会是如我们看到飞蛾一般有形状、有颜色的样子，那么在蝙蝠"看"来，飞蛾是怎样的呢？我们似乎永远不会知道。

055

精神助产术

一切都要经过自己的思考

大哲学家苏格拉底有一套追求真理的方法,他称为"精神助产术"。为什么要叫这个名字呢?助产士的工作是帮助产妇把孩子生下来,顾名思义,"精神助产术"就是帮助别人把"思想"生下来。

苏格拉底究竟怎样做"精神助产士"呢?有这样一个故事:

有一次,苏格拉底拦住一个路人,问他:"人人都说要做一个有道德的人,但道德究竟是什么?"

路人答:"忠诚老实,不欺骗人。这就是公认的道德。"

苏格拉底继续问:"你说道德就是不能欺骗别人,但和敌人交战的时候,我军将领千方百计地去欺骗敌人,这能说不道德吗?"

路人答:"欺骗敌人是符合道德的,但欺骗自己人就不道德了。"

苏格拉底又问:"和敌人作战时,我军被包围了,处境困难,为了鼓舞士气,将领就欺骗士兵说援军到了,于是大家奋力成功突围。这种欺骗能说不道德吗?"

路人答:"那是在战争这种特殊情境下做的,日常生活中就不能这样。"

苏格拉底又问:"儿子生病了,却不肯吃药,父亲骗儿子说,这不是药,而是一种好吃的东西。请问这也不道德吗?"

路人只好承认:"这种欺骗是符合道德的。"

苏格拉底又问:"不骗人是道德的,骗人也可以说是道德的。那就是说道德不能用骗不骗人来说明。究竟用什么来说明呢?"

路人最终只好说:"不知道道德就不能做到道德,知道了道德就是道德。"

苏格拉底说:"您真是一个伟大的哲学家,您告诉了我一个关于道德的知识,我衷心感谢您。"

苏格拉底的不断发问,让路人通过思考生出了思想,获得了真理。

"精神助产术"以独特的教导方式启迪人们,对问题的思考,多通过比喻、启发等手段,用发问与回答的形式,使问题的讨论从具体事例出发,逐步深入,层层驳倒错误意见,最后走向某种确定的知识。它在教育教学中被称为"启发式教学",在教学实践中一直发挥着重要作用。

从思想上看,"精神助产术"实则体现了人文精神,即一切都经过自己思考。我们要不断通过思考获取知识,而不是一味单纯地接收各种知识、信息。

小贴士

苏格拉底的"精神助产术"不仅是一种教学方法,更是一种教育理念,对现实教育有着深远的影响和启示。

056

万物流变
唯一不变的是变

人能不能两次踏入同一条河流?这个哲学命题已经有两千多年的历史。同样在两千多年前,古希腊哲学家赫拉克利特就给出了标准答案:"不能。因为河水不断流动变化,人每次踏入的河流都是不同的。"

顺着这个思路,赫拉克利特提出"万物流变"的哲学观点,他认为,一切都在不断地变化,没有恒定不变的东西。

这一概念在哲学、科学和生活中都有广泛的应用。在哲学中,它引发了人们有关事物的本质和恒久性的深刻思考。在生活中,它帮助我们更好地理解并应对各种变化,接纳生活中的不确定性。在科学中，它反映了宇宙的动态性和相对性。

一棵树在四季更迭中不断生长、开花、结果、凋零。这是万物流变的体现，反映了生命周期中的不断变化。人类社会也充满了变化，政治、文化、科技等领域都在不断演进。

变化是宇宙的本质，我们可以尝试接受它并学会适应与变通。在明白一切都在不断演变后，我们应该学会更好地珍惜当下，并保持谦卑和谨慎。事物是流动的，而追求内心的坚韧和智慧可能是以不变应万变的制胜之法。

小贴士

"人一次也不能踏进同一条河"是古希腊哲学家克拉底鲁的观点，这一观点是对赫拉克利特运动观的极端化，否认了相对静止的存在，从而陷入了相对主义和诡辩论的误区。

057

孪生地球
心内事取决于心外物

"孪生地球"是一个大胆的思想实验,由美国哲学家普特南提出。

普特南设想在另外一个地方有一颗行星,它是地球的孪生兄弟,与地球在其他方面完全相同,只是我们称为水的物质化学成分为 H_2O,而"孪生地球"上的人称为水的物质化学成分是 XYZ。因此,尽管"孪生地球"上居民的身体内部状态与我们一模一样,但当他们说"水"时,指的是成分为 XYZ 的物质,而我们说"水"时,指的是成分为 H_2O 的物质。

如果一个字的意义仅仅取决于事物的内部状态,那么我们的"水"和"孪生地球"的

"水"应当具有相同的意义。但是这两个字不具有相同的意义,因为我们的"水"指H_2O,而他们的"水"指XYZ。世界不同,语境不同,水在不同语境中意义自然不同。因此,一种语言的语词的意义不仅在头脑中,而且至少部分取决于外部世界的事实。这便是"孪生地球"的思想实验说明的道理。它促使学者们重新思考语言、意义和认知之间的关系。

小贴士

"孪生地球"思想实验也提醒我们在理解和解释世界时,要注意语言和文化背景的影响,避免片面和狭隘的认知。

058

关节炎思想实验

假设有两个世界，一个是我们的现实世界，另一个是与我们最近的可能世界。在现实世界，人们把"关节炎"定义为发生在关节上的疼痛。在可能世界，人们把"关节炎"定义为发生在关节上或大腿上的疼痛。也就是说，在可能世界，发生在大腿上的疼痛也可以称作关节炎。

再假设一个叫奥斯卡的人，他的腿疼痛得厉害，于是他去看医生。如果他看的是可能世界的医生，并对医生说"我的大腿得了关节炎"，可能世界的医生会认为他正确使用了"关节炎"这个语词，同时也正确表达了他的想法。

因此，奥斯卡的内心所想，在可能世界的医生看来，是正确的。

如果他看的是现实世界的医生，对医生说"我的大腿得了关节炎"，现实世界的医生会告诉他"关节炎只能发生在关节部位，不会发生在大腿上，如果你的大腿有问题，只可能是别的问题"。现实世界的医生会认为他错误使用了"关节炎"这个语词，没有正确表达他的想法。因此，他所说的内心想法，在现实世界的医生看来，是错误的。

这就是美国哲学家泰勒·伯奇提出的关节炎思想实验。

两种情境相对照，似乎可以说明，具有"关节炎"思想的个体，在两个不同的语言共同体中，有不同的心理内容。显然，奥斯卡是同一个奥斯卡，说的是同一句话，当时的神经生理状态也是相同的。但是，他的心理内容有不同的性质，在可能世界中是正确的，在现实世界中却是错误的。

因此，我们就可以得出这样的结论：心理内容是由环境特征决定的。人类的心灵是在人与外在世界打交道的过程中建立起来的，而不是一种纯个体主义的东西。

心理内容由环境特征决定

059

笛卡尔的恶魔

怀疑证明思考，思考证明存在

法国哲学家笛卡尔在《第一哲学沉思录》中讲到了这样一个寓言故事：

在这个尘世之外，可能存在着一个"邪恶的魔鬼"，他尽其所能地创造了一个梦境欺骗正在睡觉的笛卡尔，甚至构造了一个在自己大脑看来完全真实的梦中世界——天空、大气、大地、颜色与声音。在这个梦境之中，恶魔还给笛卡尔伪造了一副完整的"身体"——手臂、眼睛、肉体、鲜血等，没有一样不像是真的。在完成这些后，恶魔甚至开创了这个梦境世界之中的数学和逻辑学。

人类如何证明自己的存在是真实的？哲学

家笛卡尔用一句话给出了答案:"我思考,因此我存在。"他认为人的存在是通过思维而得到证明的。只要一个人在思考,他就能确认自己确实存在。它超越了传统的身体存在观念,强调思维作为人的核心特征,比身体更为根本。

笛卡尔为何创造了这样一个寓言呢?起初他为了找到一个哲学基础,开始怀疑一切,其中包括人的感官。设想了这样一个极端的故事以后，他终于找到了一个不可怀疑的事实，就是"我思故我在"。也就是说，即使恶魔能制造幻境欺骗我，我的怀疑行为也证明了我的思考。即使在极端的情况下，理性的思考也是知识确立的基础。就此，"我思故我在"的哲学观点诞生。

"我思故我在"体现了思维与存在之间的密切联系，主张人作为一个思考者的存在是不容忽视的。此外，这句话也可以理解为笛卡尔的一种怀疑主义思想，他呼吁人们以思考为中心，否定一切不能被思考证实的东西。

小贴士

"笛卡尔的恶魔"不仅是一种对现实认知的极端假设，更是一种探索真理的极端方法。它启示我们，在面对世界时，应保持怀疑精神，通过理性思考来探索真理。

060

理性的铁笼

提到理性,你会想到什么?

有人说,理性使人成为万物的尺度,人们通过理性能够把握世界的事物;也有人说,理性是灵魂中最高贵的部分,负责思考、推理和决策;还有人说,理性是人区别于动植物的本质。那么理性精神一直是有益于社会发展的吗?对此,德国哲学家马克斯·韦伯提出了"理性的铁笼"这一哲学观点。

所谓"理性的铁笼",意思是,随着社会的高速发展,理性渗透到生活的各个领域,出现了过度发展的状况,主观层面的价值观和情感逐渐被理性和计算取代。为了提高效率,人们

看清 生活，
依然 热爱

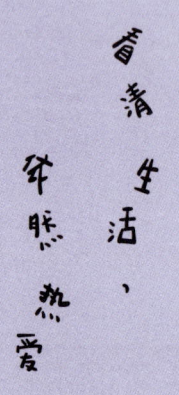

对一切事物都进行量化、标准化和程序化处理，导致个体被理性化的框架束缚，失去了自由和多样性。自由将被铁笼禁锢乃至剥夺。

我们要一分为二地看待"理性的铁笼"，铁笼虽然冷酷，但是它为现代生活提供了丰富的物质保障。面对这样的"铁笼"，我们要破除悲观，获得清明，达到从容。我们要不断充实自己，坚持自由、多样化发展，成为精神世界丰富、具有高度自主性的人。正如罗曼·罗兰所说："世界上只有一种英雄主义，那就是在看清生活真相之后，依然热爱生活。"

小贴士

通过理解马克斯·韦伯"理性的铁笼"的概念，我们可以更好地认识到理性化带来的影响和问题，从而在社会发展中寻求更加平衡和全面的解决方案。

061

拉普拉斯妖

科学是无尽的智者

在人类文明中，妖通常指的是那些违反自然规律、具有超自然能力的存在。而19世纪在近代科学世界里，出现了一种独特的妖——"拉普拉斯妖"。

"拉普拉斯妖"是由法国数学家皮埃尔-西蒙·拉普拉斯提出的一个思想实验。在这个思想实验中,"拉普拉斯妖"是一个超级智能的生物。它知晓宇宙的一切,了解每个原子的位置、速度、质量以及它们之间的相互作用,并且能预测未来的一切事件。

如果"拉普拉斯妖"真实存在并能够准确预测未来,那么这意味着宇宙的发展是完全确定的,不存在随机性或自由意志。每一个人的行动和选择都可以由"拉普拉斯妖"事先预知和描述。这引发了辩论。

一方面,有人认为,一切事件都是由过去的因果关系决定的,包括人类的行为和选择。按照这种观点,人们的决定只是宇宙中各种因果的结果,没有真正的自由意志。

另一方面,一些人认为,人能够在特定的情境下做出独立的选择,而不仅仅受到先前的因果影响。他们质疑"拉普拉斯妖"的设想,并认为宇宙中可能存在不可预测和随机性的因素。量子力学的一些解释表明,在微观尺度上存在一定的随机性,这可能对宏观世界的发展产生一定影响。

"拉普拉斯妖"也许是一个永远也无法证实与证伪的命题。它的出现提醒人们，尽管科学赋予了我们理解世界的工具，但是宇宙本质上是不可预测的，我们要对宇宙奥秘保持好奇和谦逊的科学态度。

小贴士

"拉普拉斯妖"的概念激发了科学家对宇宙本质的探索热情，它象征着人类对宇宙规律和自然法则的无限追求。

062

作者之死

"作者之死"是法国现代文学家罗兰·巴特提出的观点。他主张,当作者把作品发表出来时,他就不再占据被歌颂和被崇拜的位置。作品发表意味着读者诞生,读者诞生的代价就是作者的死亡。作品交到读者手中之后,作品就交给读者去评判、诠释,甚至会遭到颠覆和重构,作者由此不再占据主导位置。

"作者之死"的观点,是对尼采的哲学观点"上帝已死"在文学上的延伸与升华。这一观点,肯定了读者在阅读和解读文本中的重要性,改变了以往以作者为中心的理论。

其实,巴特所谓的"作者之死"并不是抹

作者不是权威，你才是主导者

杀作者的存在,而是对作者存在的权威性提出怀疑,即对造就这种权威的社会意识形态提出怀疑。"作者之死"消解了作者的权威和中心地位,其创作意图、思想观念、生活经历,以及形成作品的时代背景和社会心态等都不再成为阅读的焦点。读者不再被动消极地接受作者设定的内容和意义,他成了作品的主人和自己阅读活动的主宰,按照自己的方式对作品进行阅读、解释或者批评,获得对他来说属于这部作品的意义。

因此,我们在欣赏、阅读各种文学艺术作品时,应该主动对作者祛魅,发挥自己的主体性,以自己的感受、成长为出发点。

小贴士

"作者已死"理论有助于恢复文学的文本本体性,但在实际应用中,一些批评家过于极端地强调理论而忽视了文学实践,导致批评偏离了文学本身。

伍尔夫

不必行色匆匆,
不必光芒四射,
不必成为别人,
只需做自己。

CHAPTER 4

先成为自己的山，
再去找心里的海

♡ 反思沉淀
♡ 自我找寻
♡ 个人成长

063 忒修斯之船

忒修斯是传说中的雅典国王。据古希腊神话记载，大英雄忒修斯为了拯救自己的同胞，斩杀了克里特岛上专吃童男童女的人身牛首怪物弥诺陶洛斯。后来，忒修斯的战船每年都要开往提洛岛一次，以示致意。随着时间的流逝，船板纷纷腐烂朽坏，渐次被换成新板，到最后原先的木板都已不复存在。

公元1世纪时，普鲁塔克曾提出一个问题：如果忒修斯船上的木板被逐渐替换，直到所有的木板均被替换，所有的木板都不是原来的木板，那么这艘船还是原来的那艘船吗？忒修斯之船引发了一个有关同一性和变化的哲学难题，它可以用来思考技术和创新如何影响我们的人格同一性，以及在不断变化的世界中，我们如何定义自己。

难道 2 岁的我和 88 岁的我就不是同一个人了吗？事实上，确实有人对此提出过疑问。我们每个人都会随着时间的推移经历变化，但这并不意味着我们失去了自己的同一性。相反，人格同一性是灵活和动态的，我们可以在不同的时刻和情境下展现不同的自己。这也有助于我们更好地理解自己和他人，并接受不断变化的自我。

什么使你成为你？

064

西西弗斯
永无止境的轮回

西西弗斯是古希腊神话中科林斯城邦的创建者和第一代君主，因触怒天神宙斯而被判处一项永无止境的苦役：将一块巨石推上山顶，然而每当他接近山顶时，巨石便会自行滚落，迫使他重新开始这一无尽的循环。

这个故事反映了一种无休止、无法改变的挣扎。它提醒我们，有时候我们可能会陷入一种看似无尽的、毫无希望的努力中。这包括工作中的沮丧、生活中的挫折，甚至是人际关系中的冲突。西西弗斯的处境其实是人生的困境，但西西弗斯依然是有选择的，是在推石头的过程中充满沮丧、怨恨和绝望，让这件事变成痛苦的折磨，还是勇敢地、充满激情地推动巨石？

故事的最后，西西弗斯在这种孤独、荒谬、绝望的过程中发现了新的意义。他看到巨石在他的推动下展现了一种颇具动感的美妙。他沉醉在这种幸福当中，以至再也感觉不到痛苦了。

西西弗斯其实就是你我，而生活就是巨石。生活中有太多徒劳无功的事情，虽然我们不能改变一切，但我们可以选择如何应对挑战，这种坚持也正是生命的意义。

小贴士

西西弗斯的故事体现了在荒谬中反抗的精神。他面对无尽的劳作，没有选择屈服，而是通过发现其中的美和意义，超越了自己的命运。

065

德尔斐神谕

认识你自己

相传，在古希腊德尔斐神庙门楣上镌刻着这样一个神谕："认识你自己。"这是古希腊哲学家苏格拉底的名言，也是其哲学思想的核心。

在苏格拉底年轻的时候，他的一位朋友曾到德尔斐神殿向神询问："有没有人比苏格拉底更有智慧？"神回答："没有人比苏格拉底更有智慧。"苏格拉底在得到这个神谕后有点不相信，因为他认为自己并没有什么智慧，对很多领域知之甚少。为了验证这条神谕是错误的，他游历了很多地方，遍访了各个领域的名人，试图发现他们比自己更有智慧。但苏格拉底越是跟别人对话，就越证明了这些人根本没有什么智慧。苏格拉底终于明白这条神谕的内涵，正是因为知道自己的无知，他才被神认定为最有智慧的人。

当然，"认识你自己"不仅仅是一个故事，更意味着希腊哲学研究方向的转变。在苏格拉底以前，希腊哲学主要研究宇宙的本原是什么等问题，后人称之为"自然哲学"。苏格拉底认为研究这些问题没有什么现实意义，开始研究人类本身,如什么是正义,什么是非正义;什么是勇敢,什么是怯懦;什么是智慧,知识是怎样得来的;什么是国家,具有什么品质的人才能治理好国家,治国人才应该如何培养;等等。他为哲学研究开创了一个新的领域,使哲学"从天上回到了人间"。

小贴士

苏格拉底的哲学方法是通过问答法(又称"助产术")来引导对话者自我反省,从而发现真理。他常常通过提问和对话,帮助对方认识到自己的无知,进而追求智慧。

066

上帝已死
生活是废墟，高楼需要自己建造

"上帝已死"是尼采在一百多年前提出的论断。他认为，是我们用启蒙的科学艺术亲手杀死了上帝。他的理论意在指出，上帝已经不再是人类社会的价值标准与终极目的。至于灵魂，从未被科学实证，因此"上帝""祖宗在天之灵"是虚构的，是无法依靠的。当下"人类的青年"，也不愿再为获得"神""人神""神人""祖宗"的认同而活着。

"上帝已死"的思想影响了哲学、宗教和政治等领域，鼓励人们重新思考道德、伦理和价值观的基础，超越传统宗教的束缚，寻求更加自主和理性的伦理体系。

现代社会，各种信仰并存，人们更倾向于尊重不同信仰，而不是坚守一种传统思想。这种思想多元化的趋势就是"上帝已死"思想在现实中的体现。

现代社会面临着伦理、道德和价值观的重新塑造。虽然它标志着传统观念的衰落，但也为人们提供了机会，即去探索更加自由和人本主义的伦理框架。"上帝已死"思想鼓励个体以更加理性和自主的方式决定自己的道德准则，同时也要承担伦理责任。对于个体来讲，没有绝对权威的生活是自由的，但也是虚无相伴的，因此还需要在废墟般的生活之上，建立自己的精神高楼，给自己的精神提供休憩之地。

在"上帝已死"的时代，我们需要更加积极地参与伦理反思，创造出更加人性化和包容性的社会价值观。

067

他人即地狱

法国哲学家萨特写过一个叫作《禁闭》的剧本：三个被囚禁起来的鬼魂，等着下地狱，但在等待的过程中，三个鬼魂不断互相欺骗和折磨，最后他们忽然领悟到，不用等待下地狱，他们已经身在地狱了。

这个故事说明，地狱并不是什么刀山火海，永远和他人在一起，这本身就是地狱，也就是"他人即地狱"。

萨特认为，人的存在先于本质，人的本质是自由选择的结果。人生来没有善恶之分，也没有所谓的本质，人的本质都是后天形成的，是通过自由选择和自由行动塑造的，自由选择和自由行动成就了人生，让我们成为自己会成为的那个人。我们能够自由掌控自己的生命，哲学上称之为"主体性"。我是主体，意味着我有主导权，而别人就是客体。但是每个人都是主体，谁愿意成为客体呢？

每个人都会为了自我的主体性，而与他人展开斗争，每个人在和他人相处的时候，都想把他人变成客体。就像在日常的社交关系中，人们都希望自己是掌控者一样，掌控感会给我们带来安全感。

萨特的"他人即地狱"观点告诉我们三个重要的道理。

首先，如果自我不能正确对待他人的目光，那么他人就是自我的地狱。如果自己有意恶化与他人的关系，那么自我就不得不承担地狱般的痛苦。

其次，如果自我无法正确对待他人的评价，那么他人对你的评价就是自我的地狱。他人的评价需要听取，但只能作为参考，不要过分依赖、过分重视，当然更不能把他们当作行为的准则，否则你也会承受地狱般的痛苦。

最后，如果自我不能正确对待自己，那么自我就是自己的地狱。萨特说，当我们犯错了，总是从周遭环境找原因，或者寻找客观原因，或者推卸责任，但唯独看不到自己的错误。那该如何正确对待自己呢？萨特提醒我们，要争取自由，才能砸碎地狱，不要肆意破坏和他人的关系，也不要过分依赖他人的评价，为自己制造牢笼，而陷入地狱。

小贴士

"他人即地狱"不仅是对人际关系的一种深刻反思，也是对个人自由和社会关系的哲学探讨。

068 荷花效应

有这样一种现象：

一个池塘里的荷花，第一天开一朵，第二天开两朵，第三天开四朵……到第三十天正好开满整个池塘，那么开满半个池塘是第几天呢？

很多人认为是第十五天，其实不是，是最接近尾声的第二十九天。从开满半个池塘，到开满整个池塘，只需要一天的时间。

荷花效应也叫三十天定律，它告诉我们这样一个道理：成功需要厚积薄发，需要积累沉淀。同时，最后一步的坚持和执行是关键。拼到最后，靠的不是运气和聪明，而是毅力。

任何事情都是如此，包括学习。很多人在学习上坚持了一段时间后，因为没有看到预期的效果，就搁笔放弃了。学习是一个积累的过程，需要积蓄力量，因此，再坚持一下，沉下浮躁的心静待花开，岁月不会辜负你的辛勤耕耘。

　　每一个成功的人都有一段沉默的时光，那段时光是付出了很多努力得不到结果的日子。当你的根扎得足够深，积蓄的力量足够多时，成功的大门就会向你敞开。

长期主义者的胜利

069

快乐主义

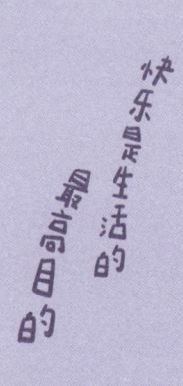

快乐是生活的最高目的

在古希腊，有一个有趣的哲学学派，叫作伊壁鸠鲁学派，是古希腊唯物主义者和无神论哲学家伊壁鸠鲁创立的。其哲学思想以追求快乐为核心，认为快乐是人类生活的最高目标。

然而，伊壁鸠鲁对快乐的理解与现代社会中普遍认知的享乐主义有所不同。伊壁鸠鲁主张的快乐不仅仅是短暂的感官享受，还是一种持久的心灵状态。他认为，快乐来自身心的满足和内心的安宁，而不是外部物质的积累。

根据伊壁鸠鲁的观点，快乐可以通过遵循一定的道德准则和理性的行动来实现。人们可以通过避免痛苦和满足基本需求来获得快乐。伊壁鸠鲁主张，人们应该追求适度的欲望，避免过度的欲望和放纵。过度的欲望和追求会导致痛苦和不满，而适度的欲望和满足可以带来快乐和满足感。

为了达到快乐，伊壁鸠鲁提出了一些实践方法和生活原则。首先，人们应该通过理性的思考和判断来决定什么是对他们有益的，而不是盲目地追随社会习俗或他人的意见。其次，友谊是快乐和满足的重要组成部分。伊壁鸠鲁强调了友谊的重要性，并认为真正的友谊是建立在互惠和真诚的基础上的。此外，他还强调，人们应该学会享受简单的事物和日常生活中的小幸福，而不是追求奢华和无限的享受。

小贴士

伊壁鸠鲁认为快乐的量有一个极限，超过这个极限的欲望会带来痛苦。因此，他提倡节制欲望，做到知足和审慎。

070

存在先于本质
人的价值服从于自由意志

"存在先于本质"是萨特在《存在主义是一种人道主义》中提出的一个著名命题。

"存在先于本质"指的是,人的本质来源于人的自由创造。所谓人的本质,是指人的规定性特征。萨特认为,人不存在固定的本质特征,人有什么样的本质特征是人自由的选择,人的存在是自由的选择,我们不能像评判物体那样判定人的价值。

比如,木匠制作一把椅子,木匠需要先构思椅子的作用、材质、形状,然后通过一定的工序制作完成。椅子本身是存在,那么对于椅子来说,它是本质先于存在的。

人则恰恰相反，人来到这个世界是赤条条的，没有设定好的本性、灵魂、自我。人存在于世界后，再根据自己的意志自由发展，形成自己可贵的品质，实现自己的价值。人获得本质的过程是自我设计、自我造就的过程。因此，人的存在先于本质。

存在先于本质，实质上是对人自身价值的肯定，是对人自由发展的肯定。人在世界上有独特的地位和自我决定的能力，或许社会、家庭对人的价值有很多要求，但是人的发展和价值的发挥还应建立在合理的自由选择的基础上。

小贴士

"存在先于本质"的现实意义在于强调人的自由选择和自我决定的重要性，鼓励人们通过自己的努力和选择来定义自己的生活和命运。

071

专一的快乐主义

小心享乐主义误区

美国心理学家费因伯格有一个讨论快乐的实验,叫作"专一的快乐主义者"。

有一个叫琼斯的人,他是个没什么好奇心的人,他对科学问题、数学问题、哲学问题都毫不关心,对知识本身毫无欲求。他还是个对大自然漠然的人,春花秋月、夏树冬雪,巍峨的山脉,宽阔的大海,大自然的一切美好都不能使他产生兴趣。在各种艺术面前,他也无动于衷,他觉得小说是在胡说八道,诗歌是在无病呻吟,绘画太假,音乐太吵。任何运动比赛、表演,他都毫无热情。他还觉得聊天就是浪费时间，政治不过是一堆计谋，宗教全是迷信，社会热点也没什么值得关注的。若问他对什么感兴趣，他回答说，他的唯一欲求就是快乐。

在这一点上，不难想象琼斯的欲求注定是无法满足的。费因伯格的"专一的快乐主义者"这一思想实验表明，只有欲求是除了自身的快乐之外的其他东西，我们才能快乐。

小贴士

"专一的快乐主义者"对快乐的追求忽视了其他方面的责任和道德义务。

072

人的三种绝望

所有绝望都是丢失自我

丹麦宗教哲学心理学家克尔凯郭尔提出，人的绝望有三种。

第一种绝望：不知道有自我。在这种状态下，一个人对自己的存在和灵性成分缺乏清晰的认识，他们可能盲目地追随更大的群体，对自己的来历和目的没有清楚地了解。

不知道有自我是一种茫然无知的绝望，庸庸碌碌的绝望。人忘记审视自己的内心，不知自己真正需要什么，应当追求什么，被自身本能的物质欲望或者社会的世俗需要牵控着，如木偶一般。这样的人生，即便是成功的人生，也不过是"外化"或"异化"的人生——以车子、房子、金钱、名利等为标志。这种"成功"给内心所带来的喜悦，往往短暂而浅薄，最后只能让生命更加空虚，甚至堕落。

第二种绝望：不愿意有自我。这样的人意识到自己应该有一个自我去完成，但他选择不去追求或实现它。他宁愿随波逐流，也不敢做真实的自己，害怕因与众不同而被孤立。

这个阶段是发现了自我，却不愿意有自我，

知道自己的生活不是自己想要的,却还是随遇而安。因为在世俗社会中,一个人要做真正的自己,不是一件容易的事。绝大多数人害怕因与众不同而被孤立甚至排挤,只能依照别人的样子或需要而活。

第三种绝望:不能够有自我。在这种绝望中,一个人虽然想要追求自我,但由于种种原因,如社会环境、个人能力等,他们无法实现自我。

这是人生最深的绝望。一个人,内心真诚渴望做真实的自己,然而生活与现实却不允许他实现自我。也许是他能力不够,知道实现自我任重道远,不乏孤单和险阻,未来也未可知。于是生命便有可能成为一种负担,让人绝望,这是人生最大的痛苦。

这三种绝望反映了人在不同程度上对自我认知和实现的挣扎。每一种绝望都可能导致人的内心痛苦和无力感。

073

平庸之恶

平庸之恶，是恶的共犯

恶的平庸，又称"平庸之恶"，是哲学家汉娜·阿伦特提出的观点。

她提出此观点有一个这样的故事：她采访了一个德国纳粹党高级军官，他曾是犹太人大屠杀的组织者。按照常理来讲，他应该是个嗜血狂暴之人，但是她发现，这个军官并非狂热邪恶之人，而只是一个普通的官僚主义者，他一心只想做好希特勒的下属。他组织对犹太人的大屠杀，丝毫没有经过道德反思或者批判性思考，只是盲目地执行命令。

阿伦特分析这个纳粹高级军官时指出，他并非传统的邪恶之人，他做的恶事只是缘于他的平庸性、缺乏独立思考和判断的能力。并且由此提出一个哲学理念，即"恶的平庸"。

反思我们的生活，不少人并非恶人，但是由于缺乏道德思考能力，或者为了融入和避免被某个团体孤立，抑或不敢反抗恶势力，只能遵循命令或者服从他人的意志，默许甚至参与不道德的行为，参与或助长了恶。这就导致"平庸之恶"伤害了无辜之人。

这样的例子比比皆是，比如在网络上不分青红皂白跟风转发、点赞批评侮辱他人的文章；再如，面对弱者被欺负被嘲讽，给予冷漠的眼神或者无情的嘲笑，这都是恶。

"平庸之恶"这一哲学概念提醒我们，要不断提升自己的道德水平，还要具备和提升独立思考的能力，在群体中保持头脑清醒，不盲目跟风，并且勇于承担责任。面对不道德时，不要胆怯沉默，要勇于抵制，阻止不道德的行为发生，拒绝成为不道德行为的帮凶。

074

酒神精神

即使人生是一出悲剧,
我们也不能
失掉壮丽和快慰

狄奥尼索斯是古希腊的酒神,他不仅握有葡萄酒醉人的力量,还是丰收之神,代表着狂喜满足,象征着情绪的放纵。

酒神精神是与日神精神(理性精神)相对的,强调一种神思、天才、狂歌式的等非理性的精神。酒神精神的核心,就是鼓励人们摆脱社会和传统的束缚,强调创造性和自由意志。鼓励人们拥有超越常规的勇气和塑造自我的精神,追求超凡脱俗的生活,拥抱自由,拥抱内心。

酒神精神是对理性主义的反叛,它鼓励人们超越理性和秩序的束缚,追求更真实和原始的生命体验。在承认人生悲剧性的前提下,酒神精神对文学艺术家及其创作产生了深远影响,它激发了艺术家们的创造力和想象力,推动了艺术的发展和创新。

酒神精神的潜台词是,就算人生是一出悲剧,我们也要有声有色地演,不要失掉悲剧的壮丽和快慰。

小贴士

"酒神精神",是尼采美学思想中的重要概念,它代表了一种肯定生命、直面痛苦和毁灭的精神状态。

> 即使人生是一出悲剧,我们也不能失掉壮丽和快慰

075

超级斯巴达人

坚强不一定是隐忍

"超级斯巴达人"是美国哲学家普特南提出的思想实验。

他设想,一个经受过严格训练的斯巴达士兵,不管他内心有什么样的感觉和情感,都不会有任何外在的行为表现。比如他虽然体验到疼痛或内心的痛苦,但这种体验并没有任何外在的表现。就算处在剧痛之中,但是因为经历过严格的训练,他也丝毫不会表现出常人在疼痛时会具有的种种行为,如呻吟、哭泣等。也就是说,他和我们一样能感受到疼痛,但就算处在疼痛的状态之中,也不会有丝毫行为上的表现。

"超级斯巴达人"不表现痛苦的行为,是因为他们在意志上并不想表现。对于"超级斯巴达人"的行为最好的解释就是,这是由他们的心灵状态决定的。但是从逻辑行为主义来看,这个解释是有问题的,因为痛苦的心灵状态必然导致与痛苦相关的行为倾向。

"超级斯巴达人"的思想实验足以显示,处于痛苦的心灵状态而没有与痛苦相关的行为倾向是完全可能的。有某种行为倾向不是处于某种心灵状态的必要条件。

076

单面人

在生活中,你是否出现过这样的情况:过度沉迷于消费,以购买新潮的电子产品、服饰,作为自己幸福的标志;你过分沉迷于工作,坚持工作至上,把工作的成就和收入作为衡量个人价值的唯一标准,没有兴趣爱好,忽略家庭生活;接受同质化媒体,一味无脑接受大众媒体,缺乏对信息的理性判断,缺乏对多样性观点的探索;对社会政治毫不关心,对社会议题和政治发展缺乏兴趣,认为个人无法改变现状,因此不参与投票和讨论,任由少数人决定大多数人。

如果你有以上几种情况,那么你就成了美

不要做社会的
空心人

国哲学家马尔库塞哲学中的"单面人"。"单面人"也叫"单向度人",是指在发达的工业社会中,只有物质生活,没有精神生活,丧失否定性、创造性和批判性的人。

为什么会出现"单向度人"呢?马尔库塞认为,随着科学技术的发展,当社会的消费环境压制了社会中的对立性因素,技术工具的操纵使得人由"双向度"演变为"单向度",即失去了否定性、创造性和批判精神。

马尔库塞提出"单向度人"意在提醒我们,我们要保持独立思考的能力,不能只是盲目接受社会事物,要敢于对社会现状和文化价值进行质疑和反思;还要警惕互联网技术和媒体的操纵,保持客观理性的探索精神,不跟风,不传谣,不满足于表面的幸福;更要追求真正的自由和多样性,马尔库塞强调,真正的自由不仅包括经济或者政治方面的选择权,更重要的是精神解放,要坚持追求充实的、多样化的生活方式。

077

上帝的计划

上帝创造了我,但我只属于我

在西方神话中,上帝是世界的创造者,那么上帝为什么要创造人类呢?美国哲学家罗伯特·诺齐克构想了一个思想实验,叫作"上帝的计划"。

上帝向人类揭示他创造人类的原因:"现在,我的孩子们,是时候让我来告诉你们,我为何创造你们了。一周之后会有一群星系旅行者经过你们太阳系,他们这次旅行唯一的食物就是人类,这一切都是我的计划。我创造你们就是为了给他们提供食物。他们着陆后,我要你们乖乖走向他们的食品加工厂,将自己做成人肉汉堡。"

很多人都相信上帝创造动植物是为了给人类提供食物，那么上帝创造人类是为了给另一个物种提供食物，这不是没有可能。按照上帝的计划，我们的存在就是为了给其他物种提供食物，那我们的人生还有意义吗？

我们先通过一个平常的例子来解构这个问题。假设父母一直培养你做画家，但是你真正喜欢的是医学。如果你按照父母的计划成为画家，不就实现人生的意义了吗？可能不会，因为没有从事自己喜欢的工作，可能让你觉得自己是被摆布的，人生是没有意义的。虽然你的父母养育了你，但他们想要你去做的事情并不必然赋予你人生意义。

类似地，上帝创造了你，让你做他想要你去做的事情也不一定能使你的人生有意义。

078

超人哲学

上帝已死，我们该自己去创造生命之激情

还记得前面所讲的"上帝已死"吗？"超人哲学"是这一问题的延续和解决方案。也就是说，上帝死后，人类社会的价值标准与终极目的被推翻，人类的新世界观和新价值体系靠谁建立？尼采提出的超人哲学就给出了答案。

尼采宣称的"超人",是用新世界观、人生观构建新价值体系的人。超人具有不同于传统的和流行的道德的一种全新的道德,是最能体现生命意志的人,是最具有旺盛创造力的人,是生活中的强者。

尼采所指的"超人"形象大致可以概括为:超越自身、超越弱者,能充分表现自己、主宰命运;以真理与道德为准绳,是规范与价值的创造者;是自由的、自足的;是在不利的环境中成长起来的,憎恨、嫉妒、顽固、怀疑、严酷、贪婪和暴力只能使超人更坚强。

尼采的超人哲学,鼓励人们跨越传统的信仰,追寻新的道德,创造新的激情。每个人都能超越传统的限制,发挥独特潜能,挖掘内在力量,创造人生价值,使自己成为更自由、更有创造力的人。

079

斯多亚不动心

斯多亚是古希腊流行时间最长的哲学学派之一,它有一个重要观点就是"不动心"。斯多亚的"不动心"是指保持心灵的平静与安宁,不受外界干扰,不为非理性的情感动摇。

斯多亚学派认为,幸福是人内心的一种感受。同时,人们无法掌控自己的命运,世界上的一切都是不断变化的,包括生命和财产都是暂时的。因此,我们要想拥有幸福,就要以心灵的不变应对世界的万变,保持内心平静,不被外界影响。

世界是理性的,万物都遵循自然法则。人作为自然的一部分,也应该按照自然法则生

风靡古希腊的灵魂疗愈术

活，即按照理性生活，过单纯的生活，节制欲望。因此，"不动心"要求人们善于管理自己的情感、道德和行为。即使面对挑战和变故，也要保持内心平静。但是，"不动心"并非麻木和冷漠，而是对情感这种非理性的东西做好正当控制。

斯多亚学派的"不动心"强调自我控制和自律的重要性，强调人们要掌控自己的情绪和行为，真正实现个人进步与成长；鼓励人们通过冥想、自我反思等方式来保持内心的平静与稳定，以摆脱外部环境的干扰；还鼓励人们遵守道德规范，关心他人，共同维护社会的和谐与稳定。

小贴士

"不动心"哲学在现代被广泛用于帮助人们处理压力和情绪问题，强调在面对日常生活中无法控制的挑战时，要保持心态的平衡。

080

幸福体验机
要快乐，更要有意义

有这样一台"幸福体验机"：连接你的神经系统后，它可以模拟你的任何大脑活动，虚拟现实世界，让你可以获得任何你想要的体验。比如，你想成为富豪，他就能模拟你享受奢侈生活的日常，你被众星捧月的场景，让你享受养尊处优的快乐……但是离开这台"幸福体验机"后，你还是会回到现实。

这就是哲学家罗伯特·诺齐克提出的思想实验。他提出了一个核心问题：其实，我们每个人的生活处境都是不够理想的，时常觉得困苦和烦恼。若"幸福体验机"虚拟出来的感受足够真切，我们就能摆脱困苦和烦恼吗？我们一生都在"幸福体验机"中度过,就能过好幸福的一生吗?

很多人会给出否定答案。因为他们认为,虚假的幸福体验不如真实的幸福体验,而真实的幸福体验可能包括一个实现的痛苦过程。幸福体验大多时候是自我价值感和尊严感上的满足,而其中最重要的就是过程。比如,我们去旅行,想要的不只是到达景点这个结果,而是重在享受跋山涉水的过程。旅途中不断变换的美景,放松的心灵,它们连在一起才构成了我们真实的幸福的旅游体验。

"幸福体验机"这个有趣的思想实验,用来探讨个体在现实与快乐之间如何选择,批判享乐主义,指出生活不仅仅要快乐,还要有意义和价值。它也提醒我们,科学技术在不断发展,我们有越来越多的机会可以沉浸在幸福的虚拟世界,要学会区分虚拟和现实的界限,过好现实生活。

081

犬儒主义

自由真实生活提倡者

"犬儒主义"起源于古希腊,是由苏格拉底的学生安提斯泰尼创立的。这个学派强调,要追求道德自由,摒弃名誉和财富,蔑视社会传统,以艰苦生活、锻炼抵制诱惑的精神能力为善。

"犬儒主义"不断发展,发生了精神气质上的重大变化。现代"犬儒主义",继承了古代"犬儒主义"的怀疑精神,但更加强调对现实的适应和策略性应对,对现实世界的虚假性有着清醒的认知,但是在行动上并不反抗而是选择迎合。

现代"犬儒主义"有三大原则,一是无原则地怀疑,即对一切都抱有怀疑态度,不管是政治、宗教,还是道德、社会价值。他们不相信有绝对的价值标准或者真理,认为一切都是变化的、不牢靠的、相对的。

二是有意识地虚假,即对于一些虚假的事物和行为,明知其虚假,却因为无奈或者要获得某些利益而选择接受或者参与其中,这样做本身就是有意识的虚假行为。

三是不反抗地愤世,即对现实世界充满了不满和愤怒,但是往往只停留在思想和口头上,没有实际的反抗行为,通常以讽刺、嘲笑等方式表达不满。

古代"犬儒主义者"如同未被驯服的野犬,他们愤世嫉俗、特立独行,勇于批判传统和反抗权力。现代"犬儒主义者"则更像被驯服的家犬,他们玩世不恭,表面上奉承顺从,内心却可能保持着距离和批判。这种转变反映了个体在现代社会中的适应策略,现代"犬儒主义者"表面上迎合权力,内心却失去希望,转而嘲笑希望本身。

尽管现实如此多变又充满无奈,但我们仍要成为怀抱希望的现实主义者,在公共生活中与他人建立真正的道德联结,并尝试新的生活方式。

—— 孔子 ——

工欲善其事,必先利其器。

CHAPTER 5

决策是瞬间的抉择，而人生是永恒的海洋

☆ 思维工具
☆ 解决问题
☆ 应对挑战

082

囚徒困境

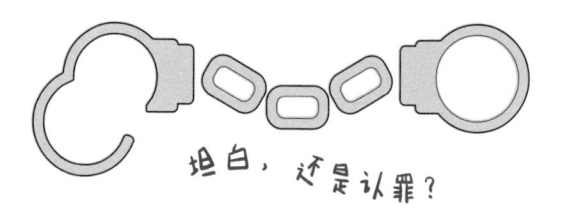

坦白，还是认罪？

假设在一起刑事案件中，警方逮捕了两个嫌疑人 A 和 B，但并没有掌握足够的证据。为了防止两个嫌疑人达成攻守联盟，审讯官决定将二人分开单独审讯，并分别告知他们面临的处境和选择：若二人都抵赖，则同判监禁 1 年；若二人都坦白，则同判 5 年；若两人中一个坦白而另一个抵赖，则坦白者立刻释放，抵赖者将判监禁10年。

由于两个囚徒都无法信任对方，每个囚徒都会理性地考虑自己的最佳利益。如果对方抵赖，坦白可以让自己立即获释；如果对方坦白，坦白也可以让自己获得较轻的刑期（5年）。因此，无论对方如何选择，坦白都是对自己最有利的策略。这种选择的结果并不是最优解决方案，因为如果双方都选择抵赖，他们都将只被判刑1年，总体利益更大。然而，在囚徒困境中，理性的个人会选择对自己最有利的策略，即使这可能导致对整体不利的结果。

囚徒困境不仅是一个博弈论的概念，更是一个深刻的哲学问题。它让我们更加深入地理解了个人理性与集体理性之间的矛盾。在缺乏有效沟通和信任机制的情况下，个体追求自身利益最大化可能会导致整体利益的损失。因此，建立合作机制，促进沟通和信任，是解决囚徒困境的关键。

083

帕斯卡赌注
理性的人如何下注？

如果你是一个理性的赌徒，你既盼望赢得大奖，又希望尽可能减少损失，那么，当你需要赌上帝是否存在时，该怎么办呢？

17世纪法国数学家、物理学家和哲学家帕斯卡认为，如果用冷静的眼光看待概率，就一定会押注上帝存在。对此，他是这样论证的：投注上帝存在，赌赢了会得到救赎和幸福，赌输了虽不会得到什么，但至少不会因不相信上帝而受到惩罚。投注上帝不存在，赌输了不仅可能失去进入天堂享受幸福的机会，而且可能被投入地狱，永世遭受酷刑折磨。

"帕斯卡赌注"并不是为了证明上帝存在，

而是为了说明相信上帝的风险相对较小，潜在的回报是无限的。这种论证方法不是一种严格的逻辑证明，而是一种功利性的推理。

"帕斯卡赌注"不仅适用于宗教领域，还可以被广泛应用于生活中的各种决策场景。以投资为例，假设我们面临一个风险与收益并存的投资项目，如果我们选择相信这个项目会成功并投入资金，那么即使项目失败，我们失去的也只是投资的本金和一部分时间成本；如果我们选择不相信并放弃投资，而项目最终取得了成功，那么我们将错失赚取丰厚回报的机会。在这种情况下，"帕斯卡赌注"告诉我们，应该选择相信并投入资金，因为从长期来看，这样的决策更有可能带来更大的收益。

084

车库里的喷火龙

谁能证明我在说谎？

"一条会喷火的龙住在我的车库里。"假设我一本正经地对你说出这句话,我相信你一定会想亲自去看一眼。但你到达车库后没有看到龙。我解释说这条龙是隐形的。你提出各种测试方法,如撒粉末、用热成像仪检测火焰温度、用油漆让龙现形等,都被我以各种理由驳回。最后的结果是"车库里有一条会喷火的龙",这一说法既无法被证实也无法被推翻。

我们可以发现,很多时候,对于一些明显违背常识的观点,我们无法切实地把它驳倒。虽然在现实生活中看不到它,但不能说它真的没有一点存在的可能。奥地利哲学家卡尔·波普尔针对这种情况提出了一个理论,即证伪理论:一个观点只有具备可证伪性才是科学的。

什么叫"可证伪性"呢?也就是说这个学说可以被人们推翻。因为这样的学说允许被经验反驳,从而经受住批判和检验。举个例子,依据牛顿的万有引力定律,月亮是围绕着地球转的。假设这个说法是可证伪的,那么,你只要找到依据证明月亮并不总是围绕着地球转,就推翻了牛顿的理论。但迄今为止,还没有人找到这样的依据。"不可证伪",指的是一些命题不可能被推翻。喷火龙之所以不可证伪,主要是因为其无法被观测和证实。

小贴士

喷火龙的故事出自卡尔·萨根的科普作品《魔鬼出没的世界》。在这本书中,萨根通过讲述一个虚构的故事来阐述科学和伪科学的区别。

085

奥卡姆剃刀原理

"奥卡姆剃刀原理",又称"奥康的剃刀",是一个哲学原则,强调在解释现象或解决问题时,应尽可能地避免引入不必要的复杂或多余的假设。"奥卡姆剃刀原理"作为一种快速决策和在没有经验证据的情况下确定真相的手段,可以在各种情况下使用。

比如说,有人拿着一个球,然后放手,球掉到了地上,为什么呢?现在有 A 和 B 两个解释:A. 因为地球有重力,重力把球吸引到地面,所以放手后球就掉到了地上。B. 因为地底下住了一条龙,这条龙施展魔法创造了重力,重力把球吸引到地面,所以放手后球就掉到了地上。

A 和 B 两个解释都很好地说明了现象，不过 A 更加简单，B 多了一条魔法龙。根据"奥卡姆剃刀原理"，我们应该接受解释 A，而抛弃解释 B。因为解释 B 没有说这条龙是怎么来的，也没有说为什么这条龙会魔法。如果我们接受解释 B，就会衍生出更多的问题。

"奥卡姆剃刀原理"经常被科学家使用，尤其是在理论问题上，他们会优先选择假设最少的理论。这是因为复杂的理论往往依赖于更多的假设，而这些假设会提高错误发生的概率。例如牛顿，他在《自然哲学的数学原理》中提出的万有引力定律和三大运动定律，都是基于最简单的假设和数学公式，避免了复杂的中间步骤和不必要的假设。

小贴士

"奥卡姆剃刀原理"只是给我们提供了一种思路，它并不保证 100% 正确，但是可以保证在现有已知事实下，不做无谓的思考。

如无必要，勿增宋体

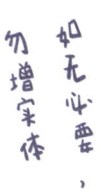

086

汉隆剃刀

能解释为愚蠢，就不要解释为恶意

"汉隆剃刀"的概念最早被英国一位名叫汉隆的学者引用并命名。它的核心思想是，不要轻易将某人的行为归结为恶意，其更有可能是因为愚蠢、疏忽或无知所致。这个简单却深刻的智慧，逐渐被广泛引用，成了解释人类行为的一种经典思维工具。

假设你寄了一份重要的报告给同事，并特别强调了下午5点前必须回复，然而你并未在规定时间收到任何答复。应用"汉隆剃刀"理论，你可以有这样的推断：同事很可能看到了你的邮件，但是忽视了你的期待，这也许是他的疏忽或是对你要求的误解，而不一定是故意忽视你。

同样，在情感关系和公共场合中，我们也应该运用"汉隆剃刀"理论来避免误解。当朋友或伴侣做出冒犯的行为时，我们可以先尝试沟通和询问，而不是立即认为对方是故意伤害我们。在公共场合遇到他人有不当行为时，我们可以先考虑对方是否因为无知或疏忽而犯下错误，而不是认为他们是故意扰乱秩序。

当然，"汉隆剃刀"理论也有适用范围。它主要适用于那些确实需要用人为因素来解释的事件。在某些情况下，例如自然灾害或意外事故，自然因素或意外因素可能是更合理的解释。

"汉隆剃刀"理论不仅是一种哲学原则，同时也是一种启发性的思维工具，帮助人们在面对复杂情况时做出更明智的判断。它提醒我们，在解释他人行为时，优先考虑简单的解释，而不是复杂的阴谋论，从而保持理性和宽容。

087

牛顿的烈焰激光剑

不能被验证的问题，不值得辩论

"牛顿的烈焰激光剑"是由澳大利亚数学家迈克·奥尔德于2004年在《现代哲学》杂志上提出的，文章标题就是《牛顿的烈焰激光剑》。其内在理论大致可概括为：所有不能进行实验和观测的东西都不值得辩论。

至于为什么取名"牛顿的烈焰激光剑"，因为牛顿有一句经典名言"我不杜撰假说"，奥尔德认为这句名言强调了观测和证实的重要性。受到牛顿的启发，他在文中总结出了自己的哲学准则："只有那些可以通过精确逻辑和/或数学证明具有可观察性的命题才值得讨论。"也就是说，如果不存在可以被观测到的结果，那么这个问题本身就毫无意义，不值得讨论。

打个比方，在得知这个理论之前，你大可以说：在你的车库里藏着一条喷火龙，它是隐形的，吐着没有热度的火焰，无法用任何方法探测到。而拿起牛顿的烈焰激光剑后，你会发现，这个问题本身就毫无意义，不值得讨论。

但是，这把"剑"也很危险，因为"不能

进行实验和观测的东西"包括美学、宗教、道德，如果随便挥舞很可能会导致对于类似一切都感到"毫无意义"。比如"万恶淫为首，百善孝为先"，这句话既不是逻辑真理，也不能用观察来判定真假，但不能由此断定它是"毫无意义"的。因此，我们在应用的时候，既要分对象，又要分场景。

小贴士

"牛顿的烈焰激光剑"在现实中的意义在于提供一种清晰、简洁的思考和交流原则，帮助我们在科学和哲学讨论中剔除无意义的命题。

088

希钦斯剃刀

"希钦斯剃刀"的提出者是美国作家克里斯托弗·希钦斯,他生前著作颇丰,写有18本关于政治、文化等方面的书籍。在2007年出版的《上帝并不伟大》一书中,他指出:"没有证据的断言,也可以在没有证据的情况下被驳回。"意思是说,如果一个断言没有证据支持,那么这个断言就不应该被接受。

这一原则被称为"希钦斯剃刀",它的哲学

意义不仅在于强调证据在形成和反驳观点时的重要性,还在于提醒人们在没有确凿证据的情况下,不应轻信或否定任何观点。

"希钦斯剃刀"是批判性思维中的一个重要工具,想熟练运用它,首先得建立证据至上的思维。例如,当你读到一个没有依据的论断时,可以花几秒钟问自己以下几个问题:有数据支持吗?这是个人论断吗?这个人有偏见吗?第一个问题可以帮助我们筛选信息,避免盲目接受未经验证的任何言论;第二个问题能帮助我们评估证据的质量;第三个问题能让我们始终保持怀疑的态度。

在日常生活和工作中,面对屏幕上各种夸大其词的产品宣传和媒体报道中没有明确来源的新闻消息时,学会使用"希钦斯剃刀",可以避免被无根据的言论误导,从而做出更加明智的决策。

089

第一性原理

直击事物本质

"第一性原理"发源于哲学,由古希腊哲学家亚里士多德提出。它最初用于哲学和逻辑学中,指的是每个系统中都存在一个最基本的命题或假设,它不能被违背或删除。也就是说,任何事物的存在,任何现象的发生,都不是无缘无故的,其背后一定存在一个本质原因。

如今,"第一性原理"已经成为一种解决问题和思考问题的方式,特别是在科技和商业领域。使用"第一性原理"思考,就是把问题拆解为最基本的真理和事实,然后在这个基础上重新构建解决方案,而不是依赖已有的方法或者经验。

这里举一个著名的例子,"美国汽车之父"亨利·福特,他的"第一性原理"思维体现在对汽车本质的理解上。他认识到,汽车的本质是更快地实现出行,而不是简单地模仿马车的功能。因此,他摒弃了传统的马车设计,专注于提高速度和效率,从而创造了现代意义上的汽车。

那么,我们应该如何运用"第一性原理"

思考呢？这里有几个建议。

1.拆解问题：将问题拆解到最基本的元素，找到那些不可更改的事实。例如，如果你要设计一款新产品，你可以问自己，这个产品的用户需要什么？这些需求是不是真的不能被满足？

2.挑战假设：质疑那些看似不可更改的规则和假设。例如，大家都说电动汽车的成本无法降低，但你可以问自己，电池的成本由哪些因素决定？这些因素是不是真的不能被改变？

3.从头开始构建：抛开已有的方法和经验，从最基本的元素开始，重新构建解决方案。

小贴士

"第一性原理"强调从基本事实和原理出发解决问题，有助于提高问题解决的深度和创造性，可广泛应用于各个领域。

090
所罗门悖论

旁观者清   当局者迷，

所罗门国王是古代以色列王国的统治者之一，因其擅长为他人剖析一些难题，在整个王国中享有盛誉，被人们视为智慧的楷模。尽管所罗门在处理他人事务时展现出了智慧，但在处理与自己有关的事务时，他表现得相当不明智。加拿大滑铁卢大学教授格罗斯曼和美国密歇根大学教授克罗斯将上述现象命名为"所罗门悖论"，意指个体在处理自己遇到的问题时容易陷入决策困境，而在为他人提供建议时却能保持理性和清晰的思维。

"所罗门悖论"产生的原因，可大致归为三点。

1. 过分执着于自我：当涉及自身利益时，个人情绪、欲望和偏见会强烈影响决策过程。所罗门国王在面对个人事务时，可能被自己的情感和私欲所蒙蔽，导致判断力下降。

2. 缺乏客观视角：在处理他人问题时，所罗门国王作为一个旁观者，可以清晰地看到问题的全貌，而在处理自己的问题时，这种客观视角便难以获得。

3. 决策环境的复杂性：所罗门国王的个人事务可能涉及复杂的家庭关系、政治联盟和个人欲望，这些复杂性可能超过了他在其他领域运用智慧的能力范围。

为了克服这种悖论，现代心理学和哲学建议人们尝试采用远距离观察者的视角，主动征询他人观点和意见，建立决策框架，并努力培养自我反思的能力，以减少个人偏见对决策的影响。

小贴士

"所罗门悖论"提醒我们，在处理自己的问题时，需要更加理性和客观，可通过改变思维方式和方法，提升决策质量。

091

萨根标准

非凡的主张，需要非凡的证据

1980年12月14日，美国天文学家卡尔·萨根在电视节目《宇宙》中有一句名言："非凡的主张，需要非凡的证据。"这句名言被人们称为"萨根标准"。

萨根是美国最著名的科普作家，一生发表了600余篇科学论文和科普作品。他历时3年摄制完成的13集电视系列片《宇宙》，自1980年播放以来，已成为美国公共广播公司收视率最高的电视片，其与妻子合写的同名配套读物，亦成为历史上最畅销的英文科普著作。

"萨根标准"的核心思想，就是要求我们对那些"非凡的主张"持怀疑态度，除非对方提供"非凡的证据"来支持,否则这些主张就不能被轻易接受。什么是"非凡的主张"?简言之,就是非同寻常的主张。与"有只鸟在天上飞"这个主张相比,"有头猪在天上飞"就是一个非同寻常的、反常识的主张。什么是"非凡的证据"?一是要求它不容易出错,二是要求它也是非同寻常的、反常识的。假设有一个人声称自己目击过神农架野人,那么这一目击证词还不算"非凡的证据",它只满足了"反常识"这一要求,因此是容易出错的。但是,如果有50个没有利益关联、具备较丰富的生物学知识的人,不约而同地说自己在较近的距离目击到了类似神农架野人的生物,那么此时这50个人的证词,就可以算是"非凡的证据"。

"萨根标准"不仅在科学研究中具有重要意义,在我们普通人的日常生活中,也是判断信息真伪的重要原则。

092

麦穗理论

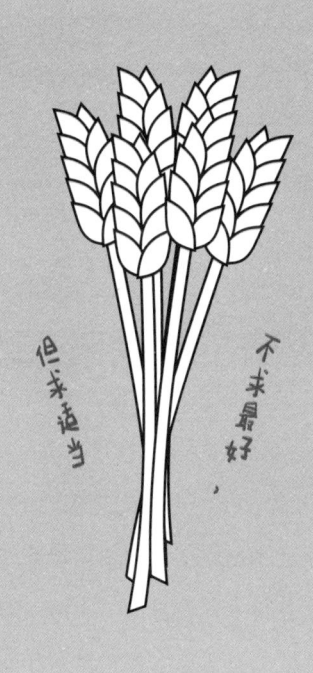

不求最好,

但求适当

"怎样才能找到理想的人生伴侣呢？"早在2500年前，苏格拉底的三个学生就请教了这个问题。苏格拉底并没有直接给出答案，而是将徒弟们带到一片麦田前，让他们分别从麦田中选择一株最大的麦穗，整个过程不允许走回头路，且只能摘一株回家。

第一个学生急于求成，过早地摘下了自认为最大的麦穗，结果后面发现了更大的却无法再选择。第二个学生过于挑剔，一直在寻找更好的麦穗，结果走到终点也没有选择，错过了很多机会。第三个学生吸取了前两者的教训，他把整块麦田分成三份，在前1/3麦田里将麦穗分成大、中、小三类，在中间的1/3麦田里对前面所分的类别进行验证，在最后的1/3麦田里下手，摘下了遇到的第一株属于大类中的麦穗。这可能不是最大的一株，但他心满意足地走完了全程。

这就是著名的"麦穗理论"，其核心思想是用1/3的时间观察，再用1/3的时间验证这个观察，得出"最基本的满意标准"，然后在最后的 1/3 的时间里，选择第一个好于这个标准的方案，并不再寻找更优方案。

"麦穗理论"其实就是一个随机博弈性问题，我们永远不可能做出最完美的决策，不求最好，但求适当，才是解决之道。然而，怎样才算适当呢？数学家汤姆·格里菲斯在其主持的一场演讲中，将"麦穗理论"融入数学原理和算法，演变成"37%法则"，也被称为"最优停止理论"。这个理论的核心思想是，在面对有限的选择时，用前面 37% 的样本作为参考，找出一个令你满意的参照物，在剩下 63% 的样本中，果断选择比参照物更好的样本。这样可以最大化提升最佳选项的概率。

小贴士

"麦穗理论"提醒我们，在面对选择时既要避免过早决定，也要避免过于挑剔，要通过观察、验证和果断决策，找到最适合自己的选项。

093

黑天鹅理论

小概率有大影响，积极态度能破万难

在18世纪发现澳洲之前，欧洲人认为天鹅只有白色品种，因为他们见过的天鹅都是白色的。直到欧洲人发现了澳洲，看到澳洲的黑天鹅后，他们认识天鹅的视野才被打开。只因为见过一只黑天鹅，他们以往对天鹅的观察、归纳、推理出的结论便失效了，这引起了人们对认知的反思：以往认为对的不等于以后总是对的。

后来，人们用"黑天鹅"比喻那些意外事件。但是"黑天鹅事件"一般满足以下条件：第一，它具有意外性。第二，它会产生重大影响。第三，虽然它具有意外性，但人的本性促使我们在事后为它的发生编造理由，并且或多或少认为它是可解释和可预测的。

2008年的全球金融危机就是典型的"黑天鹅事件"，它从一个不引人注意的次级贷款问题开始，逐渐升级为全球性的经济危机。从"难以引人关注的小风险"到"事件"，再到"黑天鹅事件"的过程，是一个标准的重大金融危机范例。这场金融危机的起因出人意料，但是影响了整个世界的经济环境,同时事后人们试图为它编造理由,把它解释为有迹可循,可以预测的。生活中还有很多这样的例子,如地震、海啸等自然灾害,以及泰坦尼克号沉没这种意外事件。

生活中存在很多不确定的事件和风险事故,我们无法掌控一切。我们应该提升抵抗风险的能力,提前筹划风险抵抗预案,才能在不确定性事件发生时从容应对。我们不能因为各种不确定事件感到过度不安。生活本来就充满挑战,我们只有勇敢面对,才能迎接美好的未来。

小贴士

"黑天鹅理论"的核心意义在于强调不确定性和小概率事件的重要性,挑战了传统基于经验和历史数据的预测方法。

094

睡美人问题

睡美人问题是哲学中一个与自我定位信念有关的思想实验。

睡美人在周日开始沉睡。科学家抛一枚硬币，如果硬币正面朝上，那么科学家会在周一唤醒睡美人，周二不唤醒；如果硬币反面朝上，那么科学家会在周一和周二都唤醒睡美人。每一次唤醒后，科学家都会询问睡美人："你认为在你参与的这场实验中，我抛的硬币正面朝上的概率是多少？"睡美人回答之后，会再度沉睡并忘记自己曾被唤醒和被询问过。因此，她不会记得自己是第几次被询问，也不知道当下的时间。

她究竟被唤醒了几次？

现在问，如果你是睡美人，在被唤醒时，你回答硬币正面朝上的概率是多少？

对于这个问题，有两种主流答案。

1/2派的解释是：由于硬币正面朝上和反面朝上的概率都是1/2，所以睡美人被唤醒时，并不知道关于硬币的任何信息。在周日入睡前，她也知道自己必定会被唤醒。因此，硬币正面朝上的概率仍是1/2。

1/3派的解释是：如果正面朝上，睡美人会被唤醒1次；如果反面朝上，睡美人会被唤醒2次。现在睡美人又被唤醒了，既然她不能判断是第几次被询问，那么她会把这三次唤醒都当作可能性相等的事件。因此，正面朝上的概率为1/（1+2）=1/3。

"睡美人问题"启示我们，在理解概率时，需要区分相对频率和概率倾向，并考虑所有可能的结果。多角度解释概率性事件，有助于我们更准确地处理相关问题。在现实决策中，理解概率和随机性对于做出合理的决策至关重要。

095

冰山理论

穿透表象的深度认知法则

"冰山理论"最早源自心理学,由美国心理学家弗洛伊德提出,后来被家庭治疗师维吉尼亚·萨提亚进一步完善和发展。这一理论最初用来解释人类心理与行为的复杂性。它把人的意识和行为比作一座冰山:浮在水面上的部分只有10%,是我们能看到的;而水下那90%的部分,才藏着更深层次的感受、信念、需求和创伤。换句话说,我们看到的任何行为或情绪都不是凭空出现的,背后总有更复杂的心理根源在驱动。

如今,"冰山理论"已经不局限于心理学,而是成为一种通用的思维工具,被广泛应用于理解人际关系、组织管理，甚至社会现象。它告诉我们，不能只看表面，而要深入挖掘事情的本质。通过分析那些"看不见的部分"，我们才能找到解决问题的根本办法，而不是只盯着表面的症状下手。

当两个人发生冲突时，"冰山理论"能帮我们看到表面之下的真相。比如，一对夫妻因为家务分配吵架，表面上看是任务没分配好，但深层次可能是一个人对"价值感"的渴望（觉得自己付出没被看见），或者对"安全感"的担忧（害怕关系失衡）。真正有效的沟通，不是争论谁干了多少活，而是要触及这些隐藏在水下的情感和需求。

"冰山理论"的核心在于提醒我们：事情往往不是表面看起来那样简单。不论是个人困惑还是社会难题，只有沉下心去，探寻那些沉默的、未被说出口的真相，我们才能找到持久的解决之道。正如萨提亚所说："问题本身并不可怕，关键在于我们如何面对它。"

096
密涅瓦的猫头鹰

黄昏起飞,为时不晚

"密涅瓦的猫头鹰"是德国哲学家黑格尔提出的哲学观点。他说,哲学就像密涅瓦的猫头鹰,总在黄昏起飞。

古罗马神话中,有个女神叫密涅瓦,她是智慧女神,她的标志物是一只睿智的猫头鹰。猫头鹰和密涅瓦一起守护人类,它的眼睛特别大,目光锐利,浓密的眉毛给人一种深思熟虑的感觉。它通常在夜间活动，在黄昏起飞，因为这时它才可以看见白天发生的一切，追寻其他鸟儿在白天翱翔的足迹。

黑格尔把哲学比喻成密涅瓦的猫头鹰，是想说明哲学是一种反思活动，是一种沉思的理性。他把"认识"和"思想"比喻成白天在蓝天翱翔的鸟儿，把"反思"比喻成黄昏起飞的猫头鹰。在认识和思想的基础上继续反思，才是哲学。

黑格尔这个比喻也说明，哲学具有滞后性，人只有经历一系列事件并加以思考后，才能获得真理。在生活中，我们在做出决策前，要经过充分的信息收集和深入的思考。在成长过程中，我们要在实践中提升洞察力，也要学会在错误中反思，吸取教训。

睿智的猫头鹰黄昏才起飞，为时不晚；脱俗的菊花秋天才绽放，独自美丽。当我们花了一段时间想清楚如何做一件事情而开始行动时，哲学之翼才真正展开。经过一番沉思后的启程，任何时候都不晚。

097

向死而生
人总能破茧成蝶，涅槃而生

蝴蝶幼虫化茧成蝶的过程是自然界中一个非常壮观且充满奇迹的演化过程。蝴蝶幼虫经过多次蜕变，逐渐长大，然后进入蛹期。在蛹中，幼虫痛苦挣扎，身体发生变化，然后从蛹中破茧而出。幼虫破茧而出才能化作美丽的蝴蝶，它经历了"死去"，才获得了重生。

蝴蝶破茧成蝶的故事，正是海德格尔"向死而生"这一哲学观点的例证。这个理念指导人们放下过去，舍弃原有的状态或身份，经历某种"死亡"，以实现生命的升华或超越。

这一概念在哲学、文学、宗教和心理学等领域都有体现。在日常生活中，"向死而生"可以用于启发人生发展的关键转折点。当我们处在原有状态的极限时,可以选择放手来获得新生。比如职业转型时,我们可以放下原有工作角色,突破自我,以适应新的挑战。

生命是永远流变的过程,人们只有通过不断地自我否定、涅槃重生,不被外在形式束缚,勇敢突破自我,从而积累更丰富的体验,获得更高层次的精神升华,才能拥有更加充实的灵魂。只有勇于结束旧的安逸的生活状态,舍弃过去的认知模式,才能获得崭新的生命力与希望。"向死而生"蕴含着生命循环转化的奥秘,就像种子必须先被埋入土壤中经历黑暗,才能发芽生长,最终开花结果。

成功的企业家在事业高峰时关闭旧业务,投身全新的领域;优秀的艺术家毁掉自己最出色的作品,从零开始新的创作;成功的演员放弃习惯的浮夸式表演,转而追求内心真实的体验。他们都在践行"向死而生"的哲学,这需要高度的觉悟和勇气。

098

布里丹之驴

生活给了你选择权,你却选择了焦虑

如果一头毛驴具备了人类的理性，把它放在两堆等量等质的干草中间，结果会怎样？14世纪法国哲学家布里丹提出，毛驴会饿死，是因为它不能对先吃哪一堆干草而做出理性的决定。这就是"布里丹之驴悖论"。

其实这一悖论并非布里丹首先提出。亚里士多德在《论天》中第一次提出该悖论：一个又饿又渴的人，在食物和水面前会不会因为不知道先进食还是先喝水而饿死？布里丹并没有继续讨论亚里士多德提出的问题，但该问题与其思想相关，可谓同根同源。布里丹借此提倡道德决定论：除了无知和存在阻碍以外，人在面对可选择的行为路线时，总是必然选择正义的一方。布里丹承认人会因为思考而犹豫，然后搁置选择，以便更全面地评估可能的结果。

悖论出现的另一个背景是企图为信仰作辩护。这里是指，驴是因为坚持要做理性判断的信仰，而陷入了判断困境，最终饿死。持有这个观点的哲学家也认为，人就像挨饿的驴，我们必须做出非理性的选择,以避免陷于无尽的怀疑。

其实,害怕做出错误选择才是毛驴饿死的根本原因。毛驴被赋予了理性,赋予了权衡利弊的能力,赋予了选择的权利,就总会陷入鱼与熊掌都想得到的误区,最终在犹豫和焦虑中活活饿死。因此,当面对两难选择时,我们不应该被过分的权衡和担心选择出错的思想占领精神高地,而应该在一定时间内做好理性判断,稳住心态,不做焦虑的奴隶。

小贴士

"布里丹之驴"的故事不仅是一个哲学寓言,更是一个心理学启示,提醒我们在决策时要果断、理智,避免过度纠结和犹豫。

099

赌徒的谬误

每个随机事件都是独立的

首先,我们来玩一个游戏。如果我扔了10次硬币,这10次的结果都是正面朝上,在扔第11次前,你会押注正面还是反面?

很多人会想,连着10次都是正面,这次该轮到反面了吧。但是实际上,硬币正面朝上和反面朝上的概率都只有50%。

这种思维误区被称为"赌徒谬误"。这种误解源于人们对独立事件结果的错误理解。我们经常错误地认为,如果一个事件连续发生了多次,那么在将来发生相反结果的概率就会增加,尽管实际上每个事件的结果都是相互独立的。

"赌徒谬误"向我们展示了人类直觉与概率理论之间经常有冲突。通过增进对随机事件及概率本质的理解,我们能够更加理性地处理信息,从而做出更明智的决策。

在面临概率和随机事件时,我们要保持清醒的思维,用科学的方法来避开直觉上的误区。

我们要学会独立判断,客观评价。尽管始终保持客观并不像我们想象得那么简单,但也要时刻提醒自己,在做判断的时候,不要糅进自己的主观意愿。还要学会排除干扰,合理归因。遇到问题的时候,多想一步,排除干扰项,多往深处想一下,就会发现问题的本质。

小贴士

理性看待概率,理解"赌徒谬误"有助于我们在面对随机事件时保持理性,不被直觉误导。

100

协和谬误

沉没成本不参与重大决策

20世纪60年代,英法两国政府联合投资开发协和飞机,该种飞机客容量巨大、装饰豪华、飞行速度快,一旦开发成功,收益巨大。但是其开发可以说是一场豪赌,单是设计一个新引擎的成本就可能高达数亿元。英法两国政府也被牵涉进去,竭力要为本国企业提供更大的支持。

项目开展不久,英法两国政府发现,继续投资开发这样的机型,花费会不断增加,设计定位也不一定适合市场,但是若停止研制,之前的投资便会付诸东流,这样的后果也是难以承受的。随着研制工作的深入,他们更是无法做出停止研制工作的决定。最后,协和飞机虽然研制成功,但因耗油大、噪声大、污染严重等问题以及运营成本太高,不适合市场竞争,英法政府为此蒙受了很大损失。

在研制过程中,如果英法政府能及早放弃,还能及时止损。最后,英法政府不得不宣告协和飞机退出民航市场,这才走出了无底洞。

我们把那些已经发生、不可收回的支出,如时间、金钱、精力等称为"沉没成本"。以上故事中英法两国前期付出的人力、物力、财力就是沉没成本。"沉没"的意思是说,你在正式完成交易之前投入的成本,如果一旦交易不成功,就会白白损失掉。但如果对"沉没成本"过分眷恋,就会继续原来的错误,从而造成更大的亏损。

从理性的角度来说,"沉没成本"不应该影响重大决策,但我们常常由于想挽回或避免"沉没成本"而做出很多不理性的行为,从而陷入欲罢不能的泥潭,而且越陷越深,产生更大的损失。

"沉没成本"对决策影响重大,以致很多决策者沦陷。那么如何让自己摆脱"沉没成本"的羁绊呢?一是从源头出发,慎重决策,要在掌握足够信息的情况下,对可能的收益与损失进行全面的评估;二是及时止损,一旦形成了"沉没成本",就必须面对现实,认赔服输,避免造成更大的损失。

小贴士

"协和谬误"反映了人们在决策过程中容易受到"沉没成本"的影响,从而选择继续坚持那些已经不再具有经济效益或合理性的项目或决策。

rr